U0960274

北京高等学校青年英才计划项目（YETP1659）研究成果

建筑职业道德案例研究

金焕玲　邢畅　崔子修◎编著

华中科技大学出版社
http://www.hustp.com
中国·武汉

内 容 提 要

本书在对建筑职业伦理的价值立场、道德原则、道德规范体系、道德评价标准等理论问题进行深入研究的基础上，精选建筑职业领域经典案例，主要从职业伦理学的视角和维度进行分析解读，为培育建筑从业人员职业精神、提升其职业道德素质、增强其社会责任感等提供理论指导和现实参照。

本书可作为高等院校建筑学、土木工程等专业的入门教材，也可作为建筑工程等相关行业从业人员的业务参考书。

图书在版编目（CIP）数据

建筑职业道德案例研究/金焕玲，邢畅，崔子修编著. —武汉：华中科技大学出版社，2021.5

ISBN 978-7-5680-4276-5

Ⅰ.① 建…　Ⅱ.① 金…　② 邢…　③崔…　Ⅲ.① 建筑业-职业道德-案例
Ⅳ.① F407.961.5

中国版本图书馆 CIP 数据核字（2021）第 088444 号

建筑职业道德案例研究　　金焕玲　邢　畅　崔子修　编著
Jianzhu Zhiye Daode Anli Yanjiu

策划编辑：张馨芳
责任编辑：余晓亮
封面设计：刘　婷
责任校对：阮　敏
责任监印：周治超
出版发行：华中科技大学出版社（中国·武汉）　　电话：（027）81321913
　　　　　武汉市东湖新技术开发区华工科技园　　邮编：430223
录　　排：华中科技大学出版社美编室
印　　刷：武汉市金港彩印有限公司
开　　本：710mm×1000mm　1/16
印　　张：13.75　　插页：1
字　　数：218 千字
版　　次：2021 年 5 月第 1 版第 1 次印刷
定　　价：68.00 元

本书若有印装质量问题，请向出版社营销中心调换
全国免费服务热线：400-6679-118　竭诚为您服务
版权所有　侵权必究

前言

PREFACE

随着我国城镇化进程的不断加快，建筑与城市规划方面也出现了诸多问题。例如，城市面貌千城一面、杂乱无序问题，建筑形体缺乏民族文化特色问题，建筑工程安全事故频发问题，建筑质量不过关、建筑管理领域贪污腐败问题，建筑能源浪费严重问题，文物建筑遭到严重破坏问题，等等。这些问题的出现有政治、经济、技术等方面的原因，同时也与建筑从业者缺乏思想道德层面的建筑职业道德培育有着重大的关系。

近些年来，不少学者从建筑伦理学的交叉视域对上述问题进行了较为广泛和深入的研究，取得了一定的研究成果。研究者们一方面对建筑伦理进行了理论建构，另一方面对一些典型案例进行了重点分析。这些研究成果为我们提供了诸多借鉴。本书试图在前述研究的基础上，运用建筑伦理学的基本理论，以案例分析为主干，对建筑职业道德领域存在的问题进行更加全面、系统的研究。

在建筑生产的全过程中，建筑设计、建筑施工、建筑管理以及城市规划与设计共同构成了建筑与城市规划活动的四个重要环节。本书主要以这四个环节中起主要作用的生产活动主体——建筑从业者即建筑设计师、建筑工程师、建筑管理者、城市规划师为主要考察对象，在系统梳理建筑活动主体职业道德原则规范的基础上，重点推介古今中外的相关典型案例，从职业伦理道德的维度对案例进行深入分析，从而为人们提供更多现实的借鉴和启示。

本书通过对大量建筑领域经典案例的深入伦理解读，将为我国建筑类高校职业道德教育提供更加丰富的素材，从而为建筑类高校卓越工程师计划的顺利开展以及我国建筑文化的普及与健康发展起到积极作用。

本书由金焕玲主持编写，具体分工为：导论、第一章由金焕玲编写；第二章由邢畅、金焕玲编写；第三、第五章由邢畅编写；第四章由金焕玲、崔子修编写。全书由金焕玲统稿。本书在编写过程中，得到了北京高等学校青年英才计划项目的大力资助和华中科技大学出版社张馨芳女士和余晓亮编辑的大力支持，并借鉴、参考了伦理学、建筑学等学科专家的著作、文章等，在此一并表示衷心感谢！由于编者水平有限，在理论的运用、案例的选取等方面难免存在不当之处，敬请专家、学者和广大读者朋友批评指正。

编　者

2021 年 3 月

目录

CONTENTS

导论

INTRODUCTION

一、问题的提出

人们通常认为建筑与伦理道德风马牛不相及，然而两者之间却有着密切的关系。伦理是通过一定的规则规范实现社会秩序化的道理和准则。道德是不同时代的人们对善的追求，它需要人们在不同的利益面前进行取舍，一般而言，为了更大的群体利益的行为就是符合道德的。

建筑是什么？它的含义应该从多个层面去理解。第一，建筑作为一种空间环境，它是供人居住使用的房屋，是满足人的生产生活需要的人造环境；这体现了建筑的功能性和使用价值，也是建筑最初产生的目的。第二，建筑作为一种体形环境，它又是可以供人欣赏的艺术品；这体现了建筑的艺术性和审美价值。第三，建筑是某一特定时代的某种精神文化价值观念的产物，各种建筑制度规制、形体风格可以反映不同时代的伦理价值观念、规范和秩序；这体现了建筑的精神性和心理意义。第四，建筑作为一种历史记录，它可以帮助人们认识历史，以古鉴今；这体现了建筑的历史文化性和教育意义。

以上理解可以说都是将“建筑”作为一种被创造出来的实物而言的，而“建筑”同时还是一种活动，它由“建”和“筑”组成，二者在汉语中均指一种行为活动，这种行为活动本身是否能够遵循一定的规范决定着建筑物是否能够满足上述人们对建筑的需求。

正是由于建筑具有如此丰富多面的含义和重要的物质精神价值，所以如何使其在人类社会生活中更好地满足人们的物质和精神文化需要就成为建筑从业人员需要认真思考的伦理道德问题。

在新时期，如何按照社会主义的伦理价值观念和原则规范来设计符合现代社会生活和人民文化习惯的建筑形体，是摆在广大建筑设计人员面前的重要课题。随着我国城镇化进程的加快，建筑领域包括城市规划发展方面出现了很多问题。例如，城市面貌千城一面、杂乱无序，建筑形体缺乏民族文化特色，建筑工程安全事故频发，建筑质量不过关、建筑管理领域贪污腐败，建筑能源浪费严重，文物建筑遭到严重破坏等问题。这些问题的出现有政治、经济、技术等方面的原因，但是也与建筑领域职业道德培育跟不上社会发展节奏有着重要的关系。

（一）建筑伦理研究方兴未艾

我国现代意义上的建筑伦理研究发端于 20 世纪 80 年代。在建筑学界，有一些学者对建筑与伦理的关系问题、中国古代建筑中的礼制特征等进行了研究。如沈福煦教授从广义和狭义两个层面探讨了建筑与伦理之间的关系，他认为，建筑对伦理观念的形象反映，是狭义层面的；而从历史角度而言，伦理观念的变迁与建筑发展之间的关系，则是广义层面的。[①]

进入 21 世纪，建筑学界和哲学伦理学等人文社科领域开始有更多的学者加入研究者队伍中来，以伦理学界的秦红岭教授和建筑学界的陈喆教授为代表。北京建筑大学的秦红岭教授从伦理学视域对建筑伦理进行了深入系统的研究，出版了《建筑的伦理意蕴——建筑伦理学引论》《城市规划：一种伦理学批判》等著作。在《建筑的伦理意蕴——建筑伦理学引论》一书中，秦红岭指出，建筑伦理学是以伦理学为视角或从一定的伦理

---

① 沈福煦．宗教·伦理·建筑艺术［J］．建筑师，1985（22）：27-28.

观点、伦理原理出发，对建筑文化与城市文化、建筑设计与工程活动、城市规划及建筑行业从业人员的职业伦理进行应用研究的交叉学科。她从精神、文化和应用三个层面对建筑的精神特质、伦理功能及建筑职业道德等伦理问题进行了探讨，这本书是国内对建筑伦理进行研究的拓荒之作。作为 21 世纪全国高等院校创新教材的《建筑伦理学概论》，是陈喆教授进行建筑伦理研究的一部力作。在该书中，陈喆教授对建筑伦理的研究范畴、主要目标，建筑实践中的伦理问题如公正公平问题、公开民主问题、可持续发展问题，以及建筑师的伦理责任等进行了深入的探讨，形成了比较系统的研究框架。在中西方建筑伦理思想研究方面，也出现了一些代表性成果，如李向峰的《寻求建筑的伦理话语：当代西方建筑伦理理论及其反思》、胡勤的《中国传统建筑的伦理意蕴》等。在城市规划与设计方面，秦红岭教授出版的《城市规划：一种伦理学批判》、高春花教授主持的国家社会科学基金项目“城市空间的伦理问题研究”等对该问题已经有了较为系统和深入的研究。建筑伦理研究的思想体系和理论结构正在向纵深发展。

（二）建筑伦理教育总体上处于起步阶段

据笔者调查，截至 2015 年，针对建筑类专业学生进行的建筑伦理教育在高校还尚未普及。北京建筑大学是比较早开展这方面工作的高校之一。北京建筑大学的秦红岭教授于 2013 年开设的“建筑与伦理”属于国家级精品视频公开课，也是国内较早的建筑伦理教育课程。同时北京建筑大学建筑与城市规划学院和文法学院自 2013 年开始联合培养设计伦理专业方向的硕士研究生。不过，总体来说，在整个学科教育体系中，我国的建筑伦理教育还没有得到足够的重视和发展。

第一，在学科体系方面，建筑伦理教育与其他职业道德教育的界限不清，尚未形成统一完善的学科体系。目前，我国的建筑伦理教育还处在零散化、碎片化的教学阶段。教学内容大多分布在不同的学科教育中，主要有三种渠道：高校思想政治理论课的职业道德教育、工程伦理教育和建筑专业课程教育。思想政治理论课主要是通过《思想道德修养与法律基础》中的职业道德章节来对大学生进行普遍的职业伦理教育，而有的建筑院校会针对建筑专业学生进行相关案例的讲授。某些院校的工程伦理教育主要是从工程的普遍性方面对建筑工程活动所应遵循的基本价值标准进行介绍。而一些学校的建筑专业课程主要通过“建筑评论”等课程对建筑价值进行评判时才会涉及建筑伦理问题。第二，在师资力量方面，建筑伦理教育领域尚未形成一支专业的教师队伍。目前，专门从事建筑伦理教育的教师十分奇缺，大多是兼职讲授相关内容，他们的学科背景要么偏重人文要么偏重理工，因而切实有效的交叉研究和教育未能真正开展起来。同时，系统、规范的建筑伦理课程的教材也非常稀少，没有统一的教学实施方案或大纲。第三，在行业教育方面，建筑设计师、工程师等继续教育体系也有待完善。自 2003 年起，我国开始实行注册建造师执业资格证制度，考试科目中包括“建设工程法规及相关知识”，但并未涉及专门的职业道德内容。建筑行业协会如中国建筑学会通过学术会议、建筑设计评奖等活动表达或传递建筑的人文精神，在具体的职业伦理规则制定、监督执行、伦理制裁等方面尚无富有针对性的举措。

（三）我国建筑伦理教育中存在的主要问题及原因

当前，我国建筑伦理教育存在的主要问题为：第一，在教育目标上，存在功利性和价值性之间的矛盾。在建筑专业教育中，虽然也涉及建筑伦理方面的内容，但其比重很小，而且往往更多地被专业技术教育掩盖。一些建筑教育者的建筑伦理意识淡漠，比较注重对学生工具理性的培养，强调学生的专业技术素质，重视学生就业的能力水平，而忽视对其社会责任意识等的培养。第二，教学内容零散、不系统。建筑伦理教育所包含的职业教育、文化教育、价值教育等内容主要分布在思想政治教育、工程伦理教育和建筑专业教育等不同的教育体系中，没有一个统一的教育教学框架。第三，建筑类专业学生对建筑伦理教育普遍兴趣不大。“当前我国工科学生，未来的工程师，未来工程活动的设计者、决策者、实施者、管理者和评估者，对国内工程领域现状的态度普遍是，虽然痛感问题严重，但多数认为与己无关也不愿多去思考这些问题，或者认为问题太复杂，不是个人所能解决得了的。这种态度反映他们对基本的伦理原则和工程师的责任、义务和道德底线不明确；很多人相信所谓

‘工程精神’就是精确和效率，工程师要做的就是求真、求实和求精，把本职工作做好，开发、设计和生产出高质量、有效益的产品。至于这些产品如何在社会上起作用，可能起什么作用，那是政府、企业家和使用者的问题，工程师没有责任管、也管不了。”①

笔者认为造成以上诸多问题的原因主要有：一是重经济效率、轻社会人文效益的教育理念。现代高等建筑教育在商品市场浪潮的冲击下，过分看重功利目标的实现，而严重忽视对学生的人文教育。“现代教育陷入了功利主义……这种风气带来了两个弊端，一个是学问成了政治和经济的工具，失掉了本来应有的主动性，因而也失掉了尊严性。另一个是认为唯有实利的知识和技术才有价值，所以做这种学问的人都成了知识和技术的奴隶。”② 二是严格的文理分家的教育体制。我国高等建筑教育受近代西方科学与人文分裂的影响，建筑专业长期以来被划入理工科，和人文学科的对话很少，可谓是“老死不相往来”。如工程师布西亚瑞利所言：“哲学和工程似乎是两个相距甚远的世界。我们可以从工程师们的表述中看出，他们很少评价哲学家提出的问题及其所追求的分析。”③ 三是学科分布不均的教育资源。随着自然科学和技术的迅速发展及市场对建筑专业人才的需求不断增加，建筑的强势学科地位不断得到巩固，在大学教育中也获得了更多的资源和支持，而哲学人文学科作为典型的弱势学科，正面临师资配备严重不足的窘况。

（四）加强中国建筑伦理教育的路径与对策

1. 加强各建筑类高校和学院对建筑伦理教育的重视

首先，转变以往单纯认为建筑是工程技术的观念，并深刻意识到建筑

---

① 曹南燕．对中国高校工程伦理教育的思考［J］．高等工程教育研究，2004（5）：37-39.

② 汤因比，池田大作．展望二十一世纪——汤因比与池田大作对话录［M］．荀春生，朱继征，陈国梁，译．北京：国际文化出版公司，1985.

③ 路易斯·L. 布西亚瑞利．工程哲学［M］．安维复，等译．沈阳：辽宁人民出版社，2008.

活动的各个阶段都与人、社会、自然有着各种密切的关系，它不仅是一种单纯“盖房子”的技术工作，还是一种关乎“美”的艺术工作，更是一种关乎“善”的价值选择。其次，打破学科之间的专业壁垒，建立文理工融合、建筑与哲学人文平等对话的协调机制。在学科设置上，增加人文学科在建筑类高校的比例，将科学技术教育与哲学人文教育置于同等重要的地位，杜绝建筑类工程学科一枝独秀的局面。在课程设置上，增加人文类课程门类和数量，如开设常规化、系统化的建筑伦理类课程，保证课时数，课程要求与科学技术专业课程的要求协调一致，从而达到科学技术教育与人文教育相得益彰、相互促进的目的。在师资配备上，加大对跨学科人才的培养，同时增加人文学科与建筑工程学科教师之间的互动与合作，可以进行同一门课程由建筑工程与哲学人文两个学科教师共同完成的尝试，从而达到互相取长补短、共同提高的效果。最后，加强实践训练，开展强化性的教育文化活动。通过实地参观、成立社团、组织宣誓活动、建筑文化节、建造模拟等各种形式的文化活动对学生进行人文素质培育和相关职业伦理规范的学习，使其通过更加真切的体验式学习认识到自己的专业和将要从事的职业对国家、对社会、对大众所应当承担的责任和使命。

2. 不断推进建筑伦理研究向深层次发展

目前，我国的建筑伦理研究虽说已经取得了不少成果，在关于建筑与伦理的本质关联、建筑伦理的研究对象、基本原则规范等方面形成了较多共识，但是仍有许多需要进一步深入探究的问题。第一是关于建筑伦理与工程伦理、职业伦理、审美伦理的关系问题。由于建筑本质的复杂性，导致建筑的伦理问题的复杂性。比如，建筑伦理与工程伦理之间就不是单纯的包含与被包含的关系，建筑伦理不能单纯地理解为工程伦理的一个分支，建筑伦理虽然与工程伦理在价值原则等方面有很多相似之处，但也有其特殊之处。所以，单凭通过工程伦理教育实现建筑伦理教育的目标是不能完全达到的。第二是关于建筑伦理教育的相关问题。建筑伦理研究的目的，很大程度上是为了服务于建筑伦理教育。建筑伦理教育的任务和目的应该是从道德认知层面，使建筑从业者和公众认识到建筑与伦理之间的密切联系，转变以往将二者割裂的思维和认识；从道德情感层面，培养建筑设计施工管理等从业人员的责任意识、整体意识，使其努力做到“眼睛向下”而不仅仅是向权力、向利益看齐；从道德行为层面，积极引导建筑从业者的行为符合公众利益、社会和国家的需要。建筑伦理教育的内容，有学者认为，建筑专业的伦理教育应从宏观和微观两个方面入手。宏观的建筑伦理可以从建筑的价值属性、建筑与社会、建筑与自然的关系入手，从哲学层次思考探究相关问题。微观的建筑伦理教育则可以借鉴西方国家制定的较为成熟的伦理准则，围绕建筑师个人的责任和义务，着重研究建筑师在工程实践中可能碰到的伦理难题和责任冲突。[①] 建筑伦理教育的对象，应该包括学校的专业学生、入职的建筑师和工程师以及社会公众等。为什么社会公众也是建筑伦理教育的对象之一？这是因为公众的建筑伦理观念对建筑专业从业人员会产生某种影响。梁思成曾指出：“建筑是一种全民性的，体积最大，形象显著，‘寿命’极长的‘创作’。谈谈我们的工作方法，也许可以有助于广大的建筑使用者，亦即六亿五千万‘业主’更多地了解这一行道，更多地帮助我们，督促我们，鞭策我们。”[②] 他还说，建筑师、城市规划师的设计工作不是几十个专家专门研究所能制定的，需要市民“多多告诉我们，多多地出主意”，需要广大人民的积极参与，不能闭门造车。因此，我国总体建筑设计文化水平的提升需要建筑从业者及广大公众的建筑审美水平的共同提升和推动。

3. 扩大建筑伦理教育的范围，实现专业化与普及化共同发展

要改变我国目前建筑文化特色不鲜明、建筑工程质量不过关、建筑管理腐败多发等问题，既需要对专业建筑人员进行系统化的职业伦理教育，同时也需要对社会大众进行普及化的建筑伦理文化教育。首先，学校的日常教育是专业化教育的重点。学校的日常教育，以理论学习为主，辅助案例教学和实践锻炼。学校的建筑伦理教育必须制定完善的教学目标、教学大纲和考试标准，使学生在校期间能够接受系统的建筑伦理教育，从而培养其在进行建筑、城市设计、建筑工程建设管理等工作时自觉形成伦理意

---

① 杨豪中，赵辉．论建筑专业的伦理教育［J］．建筑学报，2009（3）：86.

② 梁思成．大拙至美：梁思成最美的文字建筑［M］．林洙，编．北京：中国青年出版社，2007.

识和道德习惯。其次，公司企业的继续教育，是建筑伦理教育不可缺少的重要组成部分。继续教育应该强调理论与实践相结合，通过定期培训、专家讲座、典型示范等形式重点解决从业者或从业群体在执业过程中遇到的伦理道德问题和困惑，帮助其化解可能出现的道德风险。针对多以集体形式进行的建筑工程项目中，设计师、工程师个体道德意识淡漠的问题进行重点教育，使其认清组织腐败与个体腐败的关系，改变公司腐败与个人无关的错误思想，从而真正提升建筑从业人员个体的职业道德素养和能力。再次，公众的科普教育是推进建筑伦理教育大众化的重要举措。以生动的事例案例为主、理论讲授为辅，利用简洁明快的形式进行传播，是推行建筑伦理教育大众化的主要方式。教育内容应主要包括建筑使用伦理意识、建筑环境保护伦理意识、建筑文化特色创新意识、建筑遗产保护意识等方面，使公众能够积极参与建筑城市规划设计、建筑遗产保护等活动，从而为推进中国特色的建筑伦理文化事业贡献更多的智慧和力量。

本书正是基于以上考虑，以与建筑职业相关的案例为主要研究对象，主要从伦理道德的维度对研究对象进行重点剖析，希望能够在促进我国的建筑伦理道德教育、帮助解决建筑领域的现实问题等方面起到一定作用。

二、研究意义

首先，从政治层面讲，促进建筑职业道德水平的提升有利于增强政府的公信力。居住是人们生活、工作最主要的需求之一，住房是最大的民生问题之一。如果居住的基本需求得不到很好的满足，人们的安全感和归属感将不能得到保障，公众很可能会产生对政府、对官员、对社会的不信任甚至不满。目前，建筑领域出现的种种现实问题都不同程度地影响了百姓对政府的信任，损害了政府在公众心目中的形象。各种建筑质量问题如“楼脆脆”“楼倒倒”“楼歪歪”，给人们的居住生活带来了很大的安全隐患和不良的心理影响。因为城市规划不合理、不科学而导致的损害百姓住房利益的事也是屡见不鲜，如天津滨海新区爆炸事故、合蚌线高铁高架桥横跨一新建小区事例以及各地的暴力拆迁、大拆大建等问题，都折射出城市规划与城市管理中的严重问题。

其次，从经济方面讲，加强建筑职业道德建设有利于我国建筑业的健康可持续发展。可持续发展（sustainable development）的概念由自然保护国际联盟（IUCN）于1980年首次提出。1992年，联合国在巴西里约热内卢召开“环境与发展”全球首脑会议，提出“21世纪议程”（Angenda 21）。该文件为经济和环境的可持续发展提供了一个具体的行动指南。建筑业作为典型的大量消耗资源和能源的产业，对环境产生的负面影响是巨大的。据统计，建筑业消耗了地球上大约50%的能源、42%的水资源、50%的材料和48%的耕地。造成生态失衡，产生了全球24%的空气污染、50%的温室效应、40%的水源污染、20%的固体垃圾和50%的氯氟烃等。

在我国，建筑浪费现象也非常严重。按照我国《民用建筑设计统一标准》（GB 50352—2019），重要建筑和高层建筑主体结构的耐久年限为100年，一般建筑为50～100年。然而，中国建筑科学研究院2014年发布的《建筑拆除管理政策研究》报告指出，“十一五”期间，中国共有46亿平方米建筑被拆除，其中20亿平方米建筑在拆除时寿命小于40年。以此推算，“十二五”期间，每年过早拆除的建筑，面积将达到4.6亿平方米。有媒体粗略估计，如果按照每平方米拆除费用1000元计算，则每年建筑过早拆除要花费4600亿元。另据报道，高118米、总建筑面积达37290平方米的环球西安中心金花办公大楼爆破时，楼内安装了1.4吨定制炸药和1.2万枚雷管，大楼在10秒内顷刻倒塌。此楼自1999年封顶后从未投入使用，爆破后“腾起的粉尘扩散了一个街区”，“建筑垃圾20多米高，堆了两三个足球场大的地方”。大拆大建下，我国每年的过早拆除将增加建筑垃圾约4亿吨，约占全国年产垃圾总量的40%，同时使我国每年增加约10%的碳排放量。① 建筑短命、建筑浪费现象将直接影响到我国建筑业的健康可持续发展，要解决这一问题除了从规划管理制度、法律法规建设等方面进行改进外，加强建筑职业道德建设也是一个必不可少的方面。

---

① 张茜．建筑短命的背后是利益驱动［N］．中国青年报，2016-01-07（5）．

最后，从社会文化方面看，建筑职业道德水平的提升对于我国主流价值观的传播和精神文明建设将起到很好的推进作用。前面我们曾提到，建筑不只是盖房子，建筑也不只是房子本身。它不仅具有物理性、实用性，还具有艺术性、文化性和精神性。著名建筑学家梁思成曾对建筑的本质做过非常深刻而全面生动的论述。他指出，“建筑是全面反映社会面貌的和有教育意义的艺术”，“建筑不但可以表现当时的生产力和技术成就，并且可以反映出当时的生产关系、政治制度和思想情况。我们不能不承认它是能多方面地反映社会面貌的艺术创造，而不是单纯的工程技术”。[①] “历史的文物对于人民有一种特殊的精神影响，最能触发人们对民族对人类的自信心。”[②] “不论是在城市里或乡村里，建筑物形成你的生活环境，同时也影响着你的生活。所以我们说它是有教育作用的东西，有重大意义的东西。譬如说我们到莫斯科看到了地下电车站，通过这车站的辉煌美丽的形象，我们就能感到建造它的时代的伟大和社会主义的优越性。我们不能在那里看见列宁和斯大林本人；但是，你走进去，会受到许多列宁和斯大林所教导的思想教育。这种建筑物的目的是为劳动大众服务的，它的美丽和舒适反映了社会主义的优越的文化。我还可以举莫斯科大学为例，通过那么一座建筑，我们就具体地看到了将来共产主义城市的一部分。这种建筑对人民起了极大的教育和鼓舞作用。这座建筑上高度的艺术性所表现的社会主义的思想、社会主义的政治和经济所可能产生出来的事物……它不但是社会里各种事物中的一个显著的东西，它还全面地反映了那个社会的本质。”[③] 现代文化学者祝勇认为：“那些建筑，尤其是古建筑，不仅仅是一个物质的实体，更是一个历史的、文化的存在，一种精神的气场。它们不仅收容我们的身体，而且摆布着我们的身体，控制着身体的动向，甚至决定着身体的命运。无论是紫禁城这样的皇家宫殿，布达拉宫这样政教合一的超级城堡，还是江西围屋、绍兴戏台、四川碉楼这些形态各异的乡土建筑，都被各自的意识形态所征用，它们的空间，也成为对我们的身体和意

① 梁思成．梁思成文集（四）［M］．北京：中国建筑工业出版社，1986.

② 梁思成．大拙至美：梁思成最美的文字建筑［M］．林洙，编．北京：中国青年出版社，2007.

③ 梁思成．梁思成文集（四）［M］．北京：中国建筑工业出版社，1986.

志进行规训的模具。因此建筑不只是建筑本身，更是大地上生长出的精神植物。”

笔者以为，如果我们的建筑从业者都能从更深层的角度去理解建筑、设计建筑、生产建筑、保护建筑，那么我们所希望传达的价值理念就可以从无处不在的建筑中被体会到，而不一定是被灌输的。

三、研究内容

在建筑生产的过程中，建筑设计、建筑施工、建筑管理以及城市建筑的布局构成了建筑与城市发展重要的四个环节。本书将主要以这四个环节中起重要作用的建筑从业者即建筑设计师、建筑工程师、建筑管理者、城市规划师等为考察对象，在系统梳理建筑不同环节职业道德原则规范的基础上，重点推介古今中外的相关典型案例，并对其从职业伦理道德的维度进行具体分析，从而为人们提供更多具有现实意义的借鉴和启示。

（一）建筑设计职业道德原则规范及相关案例

在一座或多座建筑物形成的过程中，建筑设计应该是最初的一个环节。在该环节中，选址、构图、材料选择等都是必不可少的步骤。那么，在这些步骤中，除了需要建筑的专门技术外，还有一个价值选择与判断的问题需要解决，即该建筑或建筑群为谁而建（价值主体）、为什么而建（价值目标）、如何建造（价值手段）、对建成物的评价（价值评价）等。本书的第二章将主要围绕这些价值问题展开叙述和讨论，对古今中外关于建筑的价值标准的思想和理论进行系统梳理，对建筑的适用、经济、美观、坚固、安全、愉悦等原则之间的辩证关系进行分析和讨论，并重点结合相关案例进行具体剖析。

（二）建筑工程职业道德原则规范及相关案例

在一个或多个建筑物的形成过程中，除了设计环节至关重要外，再就是工程施工的环节。在这个环节中，建筑工程师（包括土木工程师、勘察工程师、结构工程师、监理工程师等）的工作将直接影响到建筑的质量和效果。本书第三章将从工程伦理、职业伦理等视角，对建筑工程师的职业道德原则包括责任、安全、诚信等进行探讨，并结合相关案例进行具体分析。

（三）建筑管理职业道德原则规范及相关案例

一座建筑或建筑群的建造，除了与设计人员和工程施工人员的职业道德有重要关系外，更与建筑全过程的管理是否科学化、人性化等密切相关。整个建筑建造过程的管理人员既包括政府的建筑与城市管理人员，也包括建筑企业公司的员工，对这些部门和人员的建筑管理工作包括建筑项目的审批、项目招投标过程、项目实施阶段的过程管理等进行伦理考察，并结合典型案例进行解读，是本书第四章重点涉及的内容。

（四）城市规划职业道德原则规范及相关案例

著名建筑学家梁思成曾指出，建筑与城市是一种部分与整体的关系，城市就是由各种类型的建筑组成的实体，从物理形式上看，城市就是建筑的集合。按照这一观点，本书也将城市规划师的职业道德问题纳入进来，作为建筑职业道德的一部分，主要对城市规划的整体意识、人文关怀、生态保护等原则与规范分别从理论和实践两个方面进行探讨。

四、研究方法

本书主要运用案例研究的方法，对建筑活动过程中的职业道德状况进行实证性研究。在案例研究方法中，根据研究任务的不同，可以分为探索性案例研究法、描述性案例研究法、解释性案例研究法和评价性案例研究法等。根据运用案例数量的不同，案例研究方法又可以分为单一案例研究法和多案例研究法。

第一章

建筑职业道德总论

案例1.1

思想品德和职业道德测试[①]

梁某应聘到一家建筑公司当业务员，试用期为1个月。

2周后的一天，部门经理让他单独去送投标材料。送材料时，他认识了该公司的竞争对手于某，两人谈得非常投机。

3天后，于某承诺给梁某2000元，想知道梁某所在公司投标材料的内容，梁某答应了。当他将2000元拿到手时却被公司告知："你被辞退了。"

原来，所谓的投标和竞争对手，都是用人单位虚拟出来的，目的是要测试梁某的思想品德。根据记者了解，像梁某这样的求职者并不少。2月份，某市人才市场35%的求职者因未通过用人单位的"思想品德测试"，均在试用期内被辞退。

据悉，很多用人单位在试用期间都增设了"思想品德和职业道德测试"。由于这些测试都是用人单位根据实际情况自行制定的，有的与其业务密切相关，有的则只是日常生活细节。测试未通过者，即使业务水平较高，用人单位也不肯聘用。

---

① 原载于《新华每日电讯》，2004-02-29。转引自王易、邱吉：《职业道德》，中国人民大学出版社，2009年版。

案例分析

上述案例说明，一个人要想在社会上立足，谋得一份适合自己的工作，不仅需要与该职业相关的专业知识、技能，更需要具备良好的职业道德素质。

目前，我国正处在城镇化加速发展的历史阶段，建筑行业迎来了良好的发展时机，同时也对该行业的从业者带来了严峻挑战。为了使我国的城镇化实现以人为本、公平共享、生态文明、绿色低碳、文化传承、彰显特色等发展目标，大力加强建筑从业人员的职业道德水平、提升其职业道德素养是重要举措之一。

第一节　职业、道德、职业道德

（一）职业

职业，古称行当，现俗称工作。职，可以构成职责、职务、职权等词，表示担任某项工作的人所应当承担的责任、义务和享有的权利。业，可以构成行业、业务、专业、事业等词，表示不同的行业具有专业性，同时还可以被赋予崇高性等特征。

职业，不仅与个人有关，更与国家、社会具有密切的关系。从国家、社会角度而言，职业是人类社会发展到一定阶段出现了社会分工后的产物。在原始社会初期，人类的劳动按照年龄、性别进行自然分工，男的打猎、捕鱼，女的采摘果实，尚未形成专业性的社会劳动等。随着经济生产的发展，到了原始社会末期，社会分工和社会交换逐渐出现，开始形成农业、畜牧业和手工业、商业等不同的专业劳动形式，每一种劳动形式都有不同的人群相对稳定地从事该项劳动，从而形成不同的专门职业。随着生产力的发展、科学技术的进步，社会分工越来越细，职业也越来越多。奴隶社会时期，职业的种类有所增加。封建社会使职业得到发展。据记载，在中国封建社会初期的周朝，职业被分为六大类，即王公（发号施令的统治者）、士大夫（负责执行的官吏）、百工（各种手工业工匠）、商旅（商人）、农夫（种田人）、妇工（纺织与编制的妇女）。所谓“百工”就是技艺匠人的总称，当时有木工七种，金工六种，皮工、染色工各五种，还有其他各种工种，加起来有三四十种，行业划分十分简单。到了隋朝，行业增加到 100 种，比起周朝增加了一倍多。到了宋朝，行业多达 220 种，又比隋朝增加了一倍多。到了明朝，行业增至 300 多种。当时的人们把社会职业分工统称为“三百六十行”。在国外，同样也存在着类似的情况，资本主义的发展促进了职业的繁荣。1850 年美国进行了专门的职业普查，将当时美国社会行业划分为商业、手工业、制造业、机械和采矿业、农业、林牧业、军界、河海业、法律、医务、神学、教育、政府文职、家庭佣仆、其他行业等 15 个大行业，并列出 323 种职业，1860 年职业增至 584 种。到了现代社会，职业的兴衰演化更加迅速。近年来，随着科学技术的迅猛发展，又涌现出不少新的职业，如科学咨询、家政服务、信息传递、时装模特、软件开发、快递服务以及各种中介服务等。总之，不同的职业划分是社会经济发展的产物，同时，职业发展的水平和程度又反映和影响着国家、社会经济和文化发展的水平。

从个人角度而言，职业一方面是个人谋生、获取生活来源的手段；另一方面，它也是人们获取社会角色、实现个人人生价值的重要方式。谋生，即个人为了满足自己的生存、发展需要，谋求一种自我个人利益的实现。这应该是人们谋求职业的最初目标和直接动力。由于人除了有生存和物质需要外，还有精神需要。所以，职业在满足人们的精神需要、实现个人的自我价值方面也发挥着不可替代的作用。尤其是在科技日新月异、生活水平不断提高的现代社会，职业对人生具有重要意义，它不仅影响着人们的生活质量、经济收益，还会影响人们的社会地位、思想价值观以及家庭生活等。

职业在其长期的历史发展过程中形成了较为明显的特征。归纳起来包括多样性、技术性、目的性、社会性、规范性、时代性等特征。职业的多样性是指在不同的历史时期，职业的种类是不同的，它是不同历史时期社会分工的集中体现。职业的技术性要求职业从业者必须进行职前、职中的学习和培训等。职业的目的性是指一种职业在其产生和发展过程中，既包含实现某项国家和社会发展目标的任务，又体现出从业者获取现金等物质报酬的需求和实现某种人生理想的目的。职业的社会性反映出某一职业的从业人员之间以及不同行业之间相互交往、相互关联、相互服务的社会关系。职业的规范性是指任何一种职业都必须遵守国家相关法律和社会道德规范，例如小偷在任何时候都不能成为一种职业。职业的时代性是指在不同的历史阶段，职业的种类、技术要求和相关法律道德规范会有所差异，甚至有本质上的不同，如在古代奴隶社会、封建社会时期，人们信奉职业有差等、劳动有贵贱的思想道德观念，而在当代，职位有高低、劳动无贵贱的伦理观念已经成为社会的主流意识。

综合来看，职业是指在一定的社会分工的条件下，人们为了满足个人生活需要和国家社会发展而进行的相对稳定的、有报酬的并需要承担特定社会责任的专门技术性社会劳动。

（二）道德

在我国古代最早的典籍中，“道”与“德”是两个词，分别有不同的含义。“道”最初是指人们行走的道路，后来被引申为道理、真理、规律、规矩等含义。孔子说：“朝闻道，夕死可矣。”（《论语·里仁第四》）其中的“道”指人生的道理。老子说：“道生一，一生二，二生三，三生万物。”（《老子·第四十二章》）这里的“道”指事物运动和变化的规律，是宇宙的本原和最高法则。“德”最初同“得”义，在商代指占有奴隶，得到财富。到了周代，“德”不仅指对物质利益的“获得”之义，还指获得的利益背后的因素如人的品质、品德等。西周以后，“德”的含义进一步得到扩展，指人们认识了“道”并践行“道”后有所得，即“内得于己，外施于人”。内得于己，指“以善念存诸心中，使身心互得其益”；外施于人，指“以善德施之他人，使众人各得其益”。春秋战国时期，人们开始将“道”与“德”结合起来，如荀子说：“故学至乎礼而止矣，夫是之谓道德之极”，“道德纯备，智惠甚明”。这是“道德”作为一个词出现并具有比较明确的含义，它指人们在处理各种伦常关系中需要遵守的规则、规范及表现出来的境界、品质等。

在西方，“道德”一词源于拉丁文“moralis”，其复数形式“mores”指风俗习惯，单数形式“mos”指人的性格、品性等。古罗马思想家西塞罗从“mores”一词创造了一个形容词“moralis”，后来又产生出“moralitas”（道德）一词，其含义也扩展为道德风尚、道德品质、道德原则、道德规范等。当代美国著名伦理学家雅克·蒂洛认为：道德基本上是讨论人同其他存在物（包括人和非人）的关系如何，讨论人如何对待其他存在物，以促进共同体的福利、发展、创造性和价值，力求扬善抑恶、扶正祛邪。①

我国当代对“道德”的界定，以罗国杰、魏英敏等马克思主义伦理学家为代表，他们认为：道德是人类现实生活中特有的，由经济关系决定的，依靠风俗习惯、社会舆论和人们内心的信念，以善恶为评价标准，以调整人与人、人与社会、人与自然的关系为目的的原则规范、心理意识和行为活动的总和。

人类社会之所以会产生“道德”，原因在于：第一，由于人类最基本的活动是社会劳动，最基本的存在是社会存在，因而社会劳动是人类道德产生的基础。人类的劳动本质上体现了人与人之间的物质交往和物质关系，并由此产生出善恶、祸福、利害等观念。第二，社会关系的形成是道德产生的客观条件。社会关系是人们在社会活动中形成的生产关系、政治关系、法律关系、人际关系等。道德体现的是个人利益与整体利益之间的关系，它是社会关系的产物。第三，人的自我意识的形成和发展是道德产生的主观条件。人的自我意识是在社会劳动中不断形成和发展起来的。语言的产生、抽象思维能力的提升以及人类实践活动的复杂化，使人们逐渐开始自觉地思考个人与整体的关系，开始有了“应当”和“不应当”的自我反思意识与自觉判断能力。因此，人类自我意识形成的过程也就是道德起源的过程。道德产生之后并非一成不变，而是随着社会经济关系的变化而变化。至今，道德的演变根据人类社会的五个历史阶段可以划分为五种类型：原始社会道德、奴隶社会道德、封建社会道德、资本主义社会道

---

① 雅克·P. 蒂洛，基思·W. 克拉斯曼. 伦理学与生活［M］. 9版. 程立显，刘建，等译. 北京：世界图书出版公司，2008.

德、社会主义社会和共产主义社会道德。

道德因社会关系、自我意识而生，道德出现后又反作用于人的精神世界和社会结构，对人的自我完善和社会的全面进步具有重要作用。首先，它可以对人类个体发挥调节功能、认识功能、激励功能、规约功能、教育功能等。调节功能是指道德可以通过自律和他律等调节方式对个人与他人、个人与自身以及个人与自然的关系进行调节。道德的认识功能是指"道德运用善恶、荣辱、义务、良心等特有的道德概念和范畴，反映人类的道德现象、道德关系和道德实践活动，并为人们进行道德选择提供指南的能力"①。激励功能是指通过对人的正当行为的肯定性评价，激发人们向善、向好的积极性和主动性，从而促进人的不断完善。规约功能是指通过对人的不正当行为的否定性评价，规范和约束人们的行为以符合道德的要求。道德对社会的作用主要表现为：一是道德作为上层建筑对其赖以维系的经济基础的形成、巩固和发展具有促进作用，它是影响生产力发展的重要精神力量；二是道德是阶级社会中进行阶级斗争的重要思想武器。

人的一生都处在各种复杂的社会关系网络中，这首先离不开道德的规范、约束和评价。道德按照社会中不同的领域进行划分，可以分为家庭道德、职业道德、社会公德、个人品德等。职业生活在人的一生中占据着大部分时间，具有重要的地位。只有更加深入地理解了职业道德的内涵、特点和意义，才能更好地促进人的自我完善和国家、社会的良好发展。

（三）职业道德

职业提供了一个人与人进行社会交往的重要领域，作为调节人与人、人与社会、人与自然等各种关系的道德在这一领域自然不能缺位。职业道德是指同人们的职业活动密切相关，同时又具有自身职业特征的道德原则规范、心理意识和行为活动。

职业是为他人提供产品或服务的方式、行为和活动。如何让从事某一行业的人，在实现个人需要的同时还能够很好地为他人、社会谋利益，是职业道德规范确立最主要的目标和任务。在不同的时代，人们根据不同职

---

① 王泽应．伦理学［M］．北京：北京师范大学出版社，2013.

业的特点对职业道德的规范和内容进行了界定。如我国战国时代的《周礼·考工记》就对当时六类职业的主要职责进行了明确说明：王公其职“坐而论道”，士大夫“作而行之”，百工“审曲面势，以饬五材，以辨民器”，商贾“通四方之珍异”，农夫“饬力以长地材”，妇工“治丝麻以成之”。《孙子兵法》中则对“将德”进行了界定：“将者，智、信、仁、勇、严”，此乃“为将之德”。柏拉图在其《理想国》中认为：哲学家最重要的德性是“智慧”，武士最重要的德性是“勇敢”，自由民最重要的德性是“节制”。古希腊著名的“希波克拉底誓言”对医生的职业道德做了明确规定：尊师如父母，并惠及其子女；严守授徒之范围和规矩；终身执行医职为病家谋幸福；绝不利用职业之便，实行各种害人及恶劣的行为；不予他人危害药品，也不指导他人使用危害药品；为病家严守秘密等。我国唐代名医孙思邈提出医德修养的七个方面：临诊治病，“先发大慈恻隐之心”；“对待病人”“普同一等”；“一心赴救”，不畏艰难；“不得起一念蒂芥之心”，不怕脏臭；精心施治，“详察形候，纤毫勿失”；不得“安然欢娱，傲然自得”；要谦虚正派，不要“道说是非”。[①]韩愈在《师说》中提出教师应该承担的职业责任：传道、授业、解惑。对西方国家而言，在其进入资本主义社会后，随着工业革命和经济的快速发展，社会分工空前细化，出现了很多新的职业。与之相适应，科技道德、律师道德、体育道德、新闻道德、作家道德、企业道德、工程师道德、环境道德等应运而生。然而，由于资本主义社会有其无法克服的自身矛盾，所以其职业道德既有合理、进步的内容，也有必须扬弃的庸俗、腐朽的部分。

社会主义职业道德是在借鉴和批判以往社会职业道德的基础上形成的关于职业活动的善恶优劣标准，它是各行业的劳动者在职业活动中必须遵守的基本行为准则及由此而形成的职业道德心理、道德品质的总和。职业道德包括职业理想、职业态度、职业责任、职业纪律、职业良心、职业信誉等。职业理想是人们在职业活动中所确立与追求的奋斗目标，它是职业道德的灵魂。职业理想并非以获得更高的官职或赚取最多的物质利益为目标，而是以最大限度地发挥自己的才能为社会和国家做出贡献为标准。职

① 安云凤．新编现代伦理学［M］．北京：首都师范大学出版社，2001.

业态度是从业者对本职工作意义、价值的认识与采取的行动，社会主义职业道德要求人们以严肃、认真、负责的态度对待自己的工作。职业责任是从业者在职业活动中必须承担的义务和责任，包括单位责任（企业责任）和劳动者责任两个大的方面。职业纪律是从业者在职业活动中必须遵守的各种纪律的总和，它要求从业人员在职业活动中必须遵守相关秩序、执行相应指令，从而履行自己的职业义务。职业良心是人们的道德自律意识在职业生活中的体现，对人们从事的工作具有指导、监督和评价作用。职业信誉是从业者在职业活动中形成的职业荣誉及社会对从业人员职业行为的社会价值和贡献的客观评价。

在我国社会主义制度下，每个具体的行业或职业道德规范都有其特殊的内容和要求。与此同时，不同的行业也需要制定一种从业者共同遵守的职业道德规范，从而帮助人们树立基本的职业道德意识，形成基本的职业道德素养，以维护广大人民的根本利益。在我国现阶段，各行各业的从业者应该遵循的基本职业道德规范包括：爱岗敬业、诚实守信、办事公道、服务群众、奉献社会。爱岗敬业是社会主义职业道德的基础和核心，爱岗即热爱自己的工作岗位，敬业即以一种真诚、严肃的态度对待自己的工作。从表面上讲，爱岗敬业是对自身工作岗位和本职工作的一种热爱、认真的态度；从实质上讲，爱岗敬业是热爱自己服务的对象，即把人民、社会、国家的利益放在第一位，而不是把个人利益放在首位。只有这样，从业者才能真正把热爱工作本身与为他人、为社会服务紧密结合起来。诚实守信就是指诚实劳动，守信用，讲信誉，不欺骗，不弄虚作假。不论是个人还是单位组织，只有遵守诚实守信的职业道德，才能树立良好的职业信誉，从而实现个人的人生价值和公司、企业良好的经济和社会效益。办事公道即办事公正合理，不徇私舞弊，不假公济私。服务群众是社会主义职业道德的本质要求和基本规范，体现了社会主义职业道德的根本宗旨。服务群众要求从业者从群众的利益和需要出发，急群众之所急，想群众之所想，为群众提供更多的实惠。奉献社会要求从业者自觉履行对社会、对他人的义务，努力发扬奉献精神，为社会、为他人提供便利和服务。

第二节　建筑作为一种职业

一、什么是建筑？

在当今社会分工愈来愈细化的大背景下，盖房子、修建道路桥梁等早已成为一种专业性很强的工作，这种工作可以统称为建筑。建筑业已经成为一个关系到国计民生的规模庞大的行业。如何认识建筑作为一种职业在国家社会发展中的重要地位？建筑职业的类型和特征是什么？如何对该行业进行相关职业规范的制定？要回答这些问题，首先需要我们对“建筑”的内涵有一个全面深入的认识和把握。

何谓“建筑”？这个问题看起来既简单又复杂。说它简单是因为人们习惯性认为建筑就是房子。说它复杂是因为“建筑”不仅是指房子，还囊括了像道路、桥梁、园林、陵墓等工程形态，同时还包括建造这些工程的行为活动。这种建造的行为活动，在我国古代被称作“营造”“营建”。《中国大百科全书——建筑·园林·城市规划》中提及：“中国古代把建造房屋以及从事其他土木工程活动统称为‘营建’‘营造’。‘建筑’一词是从日语引入汉语的。”在英语中，“建筑”的含义更是复杂：作为建筑艺术的“建筑”被称为 Architecture；作为工程形态的房屋、建筑物的“建筑”被称作 Building；作为建造活动、施工活动的“建筑”叫作 Construction。也就是说，在英语世界中，建筑物作为一种被建造的物质实体，不仅有供人们使用的功能，还具有艺术欣赏价值。

人们对“建筑”的认识是随着社会的发展和不断进步而逐渐深化的。古希腊著名哲学家亚里士多德曾指出，建筑是人类抵抗风雨的遮蔽物，这可以说是对建筑最初的解释，也道出了建筑最基本的功能——居住和庇护作用。被誉为“建筑学之父”的古罗马建筑理论家维特鲁威（Vitruvius）认为，建筑的起源与人类对火的观察和反应有直接的联系，“发现火以后，原始人先是聚集在它的周围，接着组成了议事机构，然后开始了社交活动。……他们在第一次议事时，提出了建造窝棚的想法。有人用宽大的绿树叶来藏身，有人在山的斜坡处凿洞，有人仿照燕子垒窝的方法，用泥和树枝搭起了类似的小棚子”[①]，这就是房子的最初原型。18 世纪法国建筑理论家罗杰埃（M. A. Laugier）在其名著《论建筑》中描绘了一个“原始小木屋”，认为它就是建筑的本质与自然起源。“森林的落枝是适合目标的良好材料，他选择了四根结实的枝干，向上举起并安置在方形的四个角上，在其上放四根水平树枝，再在两边搭四根棍并使他们俩在顶端相交。他在这样形成的顶上铺上树叶遮风挡雨。于是人类有了房子。”[②]

我国著名建筑学家梁思成先生对“建筑”也进行过全面而深入的考察，他指出“建筑”这个名词在中国的含义是不明确的：铁路、水坝和房屋等都可以包括在“建筑”之内。但是许多西方国家一般将铁路、水坝等称为“土木工程”，只有设计和建造房屋的艺术和科学才叫作“建筑学”。在俄文里，“建筑学”是从希腊文沿用来的，原意是“大的技术”，即包罗万象的综合性科学技术。苏联科学院院长莫尔德维诺夫给“建筑学”下了个比较精确的定义，“建造适用和美好的住宅、公共建筑和城市的艺术”[③]。吴良镛先生在《广义建筑学》中对建筑的艺术精神价值作了肯定，“多年来人们讨论建筑，多习惯于从建筑本身出发。例如人们常说，自古就有‘遮风雨、御寒暑’的庇护所（Shelter），人们在这种庇护所的基础上加以技术和艺术的创造，便发展了‘建筑’（Architecture）。这当然是对的。这种人类活动的产品既包含有物质的内容，也包含有精神的内容。但是仅仅从这个概念解释建筑还是有缺陷的”[④]。建筑学者杨新民在阐述原始建筑的起源和本质时指出，作为物的建筑，首先是满足人类基本的生理和物理需要，但是人类的建筑即使是原始时代简陋的洞穴，都具有某种精神或情感的价值。“在原始时代，建筑的本质就是居住。原始建筑的根本特性，只能体现在居住文化亦即家文化中。我们把‘家’当作一种文化，是因为，

---

① 卡斯腾·哈里斯．建筑的伦理功能［M］．申嘉，陈朝晖，译．北京：华夏出版社，2001.

② 刘先觉．现代建筑理论［M］．北京：中国建筑工业出版社，2008.

③ 梁思成．梁思成文集（四）［M］．北京：中国建筑工业出版社，1986.

④ 吴良镛．广义建筑学［M］．北京：清华大学出版社，2011.

作为与残酷自然力相对照的人类文明，它从本质上区别于自然形态的动物巢穴……人类巢穴、穴居，却已升华为感知空间，产生了唯人类建筑才有的精神价值。作为'家'，它不仅容纳着人的躯体，还容纳着人的情感。"①

根据上述对于建筑的认识，"建筑"可以这样理解，即它是一种运用一定的技术对自然界进行改造的活动，同时也是该活动所形成的满足人们身体和精神需要的物质环境本身。由此也可以看出，建筑的功能是多方面的，它包括使用功能（物质实体）、象征功能（精神意象）、精神传递功能（历史记忆）、教育功能（陶冶情操）、精神愉悦功能（艺术欣赏）等。关于建筑的教育功能，梁思成先生曾做过详细的描述，见导论部分。正因为建筑可以发挥精神教育的意义，所以这就要求建筑设计人员根据时代和社会发展的需要，创造符合时代潮流、符合社会主流价值观念和教育目标的建筑。

二、建筑职业的发展历程

职业建筑师最早诞生于欧洲。古希腊和古罗马在建筑技术方面曾经达到很高的水平，后来由于罗马帝国的灭亡，不少建筑技术失传，如屋顶瓦和玻璃的制造技术等。

西方中世纪时期，建筑师的名称虽然从历史中消失了，但取而代之的是匠师的称呼。匠师有着很高的社会地位，因为上帝本人也往往被比作建造天国之门的建筑师，他被称为"宇宙伟大的建筑师"（Great Architect of the Universe）。在中世纪的人们看来，上帝是一名艺术家，是依照既定规则从事工作的人，是将辉煌宫殿建在奇妙之美中的建筑师。此外，基督被誉为"教堂的建筑师"，使徒圣保罗被誉为"睿智的建造大师"。一个国王曾对一个匠师说，没有高贵的建筑师，就不可能有高贵的建筑。

到了12世纪，随着手工业的发展，一些大城市的建筑技术开始回复到古罗马的水平，并出现了木匠、瓦匠、油漆匠、铁匠、釉工等手工业者行会。一方面，随着城市的发展、建筑密度的增加，传统的草屋顶房子和

---

① 杨新民．原始建筑的本质及其现代启示［J］．建筑师，1992（8）：42.

木构架因容易受到火灾的侵袭，而暴露出不够安全的弱点。另一方面，城市经济的发展也使商业愈来愈兴旺，商人阶层地位的上升使商人也加入建造昂贵而耐久的砖石房子的行列。业主数量的不断增加促进了建筑师的职业化发展。

文艺复兴时期，建筑的繁荣使建筑设计的地位有了较大变化，艺术家型和绅士型的建筑师开始出现。他们并没有经过石匠或泥瓦匠的训练，但他们精通几何和绘画，受过良好的教育。他们以其较高的文化素质和艺术天赋，将建筑设计从机械的工作变为自由的艺术，并且发展出一套关于形式美的理论。这使得建筑成为一个更需要学习的职业。米开朗基罗、拉斐尔、达·芬奇都参与并主持过建筑的设计。艺术家们的参与也使得建筑设计不再依赖实际经验而趋向由形式和理论来决定。在一些大城市中，庞大的中产阶级队伍正在逐渐崛起。随着生活水平的提高，需要设计服务的业主越来越多，建筑师的中小主顾大量增加，建筑设计开始商业化。18 世纪末，英国建筑师发现他们有必要建立一个共同的职业标准和规范，将建筑施工者和承包商区别开来，这样也便于建筑师取得自己的报酬。1791 年，第一个建筑师俱乐部在英国成立。随后，德国建筑师于 1799 年在柏林成立俱乐部。1834 年，英国皇家建筑师协会 RIBA 在伦敦成立。1840 年，法国成立法兰西建筑师协会。1857 年，美国建筑师协会 AIA 成立。19 世纪，制订建筑师职业标准和维护建筑师利益的建筑师协会的成立标志着职业建筑师的正式出现。随着世界经济的发展与交流，率先走向规范化、现代化的欧美职业建筑师制度也逐渐为其他国家和地区所接受。从职业建筑师的产生过程可以看出，建筑师主要有两个来源，分别是擅长技艺的手工艺人和以艺术见长的艺术家。①

在中国古代，从事城池建设和官方建筑设计、管理、组织施工的人员被称作“工官”，从事民间建筑建造的称为“工匠”。工官是城市建设和重要建筑营造的具体掌管者和实施者，集制定法令法规、规划设计、征集工匠、采办材料、组织施工于一身，实行一揽子领导与管理，在古代城市建筑的发展中发挥着重要作用。自周至汉，国家的最高工官叫作“司空”，

---

① 吴向阳．职业建筑师的来源与建筑教育体系［J］．新建筑，2001（4）：7.

司空“主司空土以居民”（《后汉书·百官志》）。汉代以后，由“将作”“掌修作宗庙、路寝，宫室、陵园土木之工”（《后汉书·百官志》）。秦至西汉，称为“将作少府”，东汉以后改称“将作大匠”，唐宋则称“将作监”。隋代开始在中央政府设立“工部”，负责掌管全国的土木建筑工程和屯田、水利、军械等各种工务。皇室工程和京城官府衙署的建造，主要还是由“将作监”或“少府”承担。明清开始在工部设立专门的“营缮司”，负责朝廷各项工程的营建。清康熙以后，在内务府另设“内工部”，后改称“营造司”，主要承担官府特有的大规模行宫和苑囿的建造。

由于中国传统的道、器之分及“治人”与“治于人”的身份划分，使得从事建筑营造的建筑匠师一直没有很高的社会地位。虽然历史上也曾产生过如蒯祥、徐杲等名匠，他们的俸禄皆在二品以上，在设计上也升堂入室，但其社会地位仍然较低，被列为“梓人”，属“工”的范畴，他们自己也不敢以卿大夫自居。由从事“道”的士人所撰写的记载国之大事及重要人事的正史中也不见他们的名字。[①]

到了近代，随着资本主义经济的不断侵入，中国建筑制度逐渐向近现代转型。建筑制度的近代化主要体现为房地产业的商品化、市场化和建筑管理体制的契约化、法制化。房地产业的崛起为建筑师事务所和营造厂开辟了巨大的市场。上海房地产业的兴旺对上海建筑业队伍的促进表现得最为突出。1929 年，仅在上海市工商局注册登记的建筑师人数就有 368 人（其中正式登记 227 人，暂行登记 141 人）。建筑制度的近代化也得益于建筑教育的近代化。自 1905 年起，就有留学生到欧美和日本等国学习建筑，他们或接受德、日较为偏重工程技术的建筑教育，或接受美、法学院派偏重艺术的建筑教育。这些留学生如刘敦桢、杨廷宝、梁思成、童寯等回国之后不仅成了我国第一代职业建筑师的杰出代表，同时促进了我国最早的建筑教育的开创，为建筑师职业的进一步发展奠定了重要基础。

中国职业建筑师的出现和成长，是中国近代建筑史上的一件大事。它突破了封建社会建筑工匠家传口授的传艺方式，改变了几千年来文人、知

---

① 潘谷西．中国建筑史（第六版）[M]．北京：中国建筑工业出版社，2009.

识分子与建筑工匠截然分离的状态，中国开始有了具备建筑科学知识、掌握建筑设计技能的专业建筑师。① 中国建筑界在近代成立了两个职业团体，一是中国建筑师学会，二是上海市建筑协会。但是，由于近代中国被欺凌、遭侵略的社会现实，中国建筑师的发展面临重重困难，在业务开展中常常受到外国设计机构的排挤、打压。

新中国成立后，建筑师获得了与知识分子同等的社会地位，他们隶属于国营化的建筑设计机构即设计院，享受事业管理编制的工资待遇，为我国城市建设和人居环境的改善做了较大贡献。但是，纯粹计划经济的弊端和“文革”时期的不良政治影响大大束缚了设计人员的创造性和积极性。改革开放后，尤其是随着社会主义市场经济的逐步确立，为了应对如火如荼的建设任务，各设计院开始迈出了市场化和企业化的步伐。1996 年，在考察美国、欧洲、日本等地的注册建筑师制度并研究中国的设计院制度的基础上，我国制定并推广了注册建筑师考试制度，以及注册规划师、注册工程师和注册风景园林师制度等。

第三节 建筑职业道德的基本原则、规范

随着人类社会的不断发展和进步，职业的类型越来越多。古人所谓“三百六十行”，而现在的职业种类可谓成千上万种，每一种职业除了需要遵守相应技术标准外，还需要遵守具有普遍意义的道德原则和规范。

（一）建筑职业需要遵守普遍的职业道德原则

目前，我国正处在社会主义初级阶段，不同的职业首先需要遵守基本的职业道德规范，其中包括爱岗敬业、诚实守信、办事公道、服务群众、奉献社会等。爱岗敬业是社会主义职业道德的基本规范之一，它是指从事某一项工作的人们基于对他人、社会、国家的热爱和强烈的责任感而兢兢业业、任劳任怨、精益求精的工作态度和职业风范。爱岗敬业具体包括乐

① 潘谷西．中国建筑史（第六版）［M］．北京：中国建筑工业出版社，2009.

业、勤业、精业、实业，即以一种乐观向上、积极进取的态度和勤劳务实的精神对待自己所从事的工作。爱岗敬业是从业人员道德素质和修养在职业领域的集中体现，它关系到企业、单位的可持续发展，关系到国家、社会的和谐稳定。所以，不管什么行业、什么岗位的工作，人们都应该努力做到爱岗敬业。它要求人们树立正确的职业理想、确立积极的职业态度，不断提高职业技能、遵守职业纪律等。诚实守信是中华民族的传统美德之一，也是当今社会的重要职业道德规范。诚实守信就是要求人们做事言行一致，遵守诺言，不欺上瞒下，不欺人，不自欺，表里如一，光明磊落。诚实守信也要求人们忠诚于所属的企业、单位，诚实劳动，遵守契约和合同，保守公司、单位秘密等。办事公道是指从业者在工作中要站在公正的立场上，对当事双方公平合理、不偏不倚、一视同仁，按照统一的标准办事。它要求从业人员必须严格遵守工作中的基本行为准则，做到公开、公平、公正，不以权谋私，不违背原则，这也是对一切从业者职业行为的普遍性道德要求。服务群众是指从业者在职业活动中要一切从群众利益出发，以真心、爱心对待自己的服务对象，想群众所想，急群众所急，为群众提供高质量的服务。服务群众的职业道德规范，揭示了社会主义制度下职业与群众的本质联系，它是“为人民服务”这一社会主义道德建设的核心在职业领域的展现。奉献社会是指从业者不期望有所回报和酬劳，而愿意为他人、为社会、为真理或正义而贡献出自己的一切，包括宝贵的生命。奉献社会的实质就是全心全意为社会做贡献，为人民谋福祉。奉献社会是职业道德的最高层次、最高要求和最终指向，是为人民服务和集体主义精神的最好体现。

（二）建筑职业道德原则与规范的确立

建筑职业作为一种与技术、工程、艺术紧密相关的活动，其职业行为与人们的居住、出行、游憩等物质生活和精神文化生活都有着密切的关系。所以，建筑职业除了需要遵循上述普遍的职业道德规范外，还应该遵守与该行业直接相关的某些特殊道德规范。

建筑职业道德的原则和规范需要根据建筑职业活动的特点、性质等来确立。建筑活动所生产的产品即建筑物本身所具有的特点决定了建筑职业道德规范必须满足和适应其基本特性。建筑的功能性、艺术性、民族性等特点决定了建筑从业者应该遵循使建筑物能够更好地满足人们的使用需求、审美需求和文化需求的这一原则和规范来从事相关工作。建筑的功能性，即建筑能够满足人们居住、生产、学习、消费、休憩等需求，是建筑的首要特性和基本功能，其中既包括满足人们的物质文化需求，也包括满足人们的精神文化需要。有人认为，建筑就像一种精神植物，它不光是身之寓所，更是心之栖居。李渔在《闲情偶寄》里写道："房舍与人，欲其相称。"这个"相称"的观念，阐明了建筑应该是人们灵魂的依靠，而不能只满足于商品的属性。相称不是讲享受，而是要达到人与物的和谐。中国人向来崇尚"天人合一"，建筑要与周围环境融为一体，和谐才有美感。①

建筑的民族性是其精神文化属性的重要内容之一，对此梁思成有过较多论述。他说："我们在俄罗斯所看到的建筑，是俄罗斯劳动人民创造出来的，一代又一代继续着俄罗斯传统而发展来的，所以没有一所象天安门那样的建筑物。因为天安门那种形式是中国劳动人民所创造的，它有它的传统，继承这个优良传统而发展起来的建筑，就会有中国的特征。这说明各个国家的建筑可以有同样的社会内容，但是可以各有不同的艺术上的民族形式。"②"第二次世界大战结束以后，民主德国在东柏林计划并重建了一条主要大道，整齐地盖了许多具有德意志民族形式的房子。西柏林也盖了一些房子，都是美国近年流行的玻璃匣子式的，样子五花八门，却丝毫没有德意志民族的风格。从西柏林到东柏林来的人，看到了继承德意志民族传统的新建筑，感叹地说：'这才是回到祖国来了！'这是建筑物在人们精神上起巨大作用的一例。"③建筑的民族性要求建筑设计师在设计创作中要考虑该因素，尤其是一些有代表性的大型建筑。"二十世纪以来，欧洲建筑被帝国主义侵略者带入中国，所以出国留学的学生有一小部分学习欧洲系统的建筑师。他们用欧美的建筑方法，为半殖民地及封建势力的中国

---

① 时评：建筑是种精神植物［EB/OL］.［2018-01-11］. http://www.archcy.com/point/gdbl/87ee7e6b513ed2f3.

② 梁思成. 梁思成文集（四）［M］. 北京：中国建筑工业出版社，1986.

③ 梁思成. 梁思成文集（四）［M］. 北京：中国建筑工业出版社，1986.

建筑了许多欧式房屋。但到公元1920年前后，随着革命的潮流，开始有了民族意识的表现。其中最早的一个吕彦直，他是孙中山陵墓的设计者。那个设计有许多缺点，无可否认是不成熟的，但它是由崇尚欧化的风气中回到民族形式的表现。”[①] “那时已有少数的大学成立了建筑系，以训练中国新建筑师为目的。建筑师们一方面努力于新民族形式之创造，一方面努力于中国古建筑之研究。1929年所成立的中国营造学社中的几位建筑师就是专门做实地调查测量工作，然后制图写报告。他们的目的在将他们的成绩供给建筑学系作教材，但尚未能发挥到最大的效果。解放后，在毛泽东思想领导下，遵循共同纲领所指示的方向，正在开始的文化建设的高潮里，新中国建筑的创造已被认为一种重要的工作。建筑师已在组织自己的中国建筑工程学会，研究他们应走的道路，准备在大规模建设时，为人民的新中国服务。”[②]

什么建筑才是好建筑？古罗马建筑师兼工程师维特鲁威提出了好建筑的“三要素”——坚固、便利和美观（也有人说是“快乐”——笔者注）；20世纪著名的建筑大师勒·柯布西耶提出了“建筑的五要素”——房屋底层采用独立支柱、自由的平面、自由的立面、横向长窗、屋顶花园；德国著名的产品设计师迪特·拉姆斯（Dieter Rams）提出了“好设计十原则”，包括创新、美感、可理解、持久、关注每一个细节、环保等。英国建筑设计领域的著名作家和记者卢斯·斯拉维德（Ruth Slavid）在其《建筑设计10原则》一书中系统总结了关于什么是好建筑以及如何建造好建筑的一些典型观点后，提出了关于建筑设计的十原则。斯拉维德从环境融入、规划限制、材料选择、地基稳固、满足长远需求、工程舒适、低碳、替代能源、绿色屋顶、创造更多光线、隔音、注意细节等方面提出了位置、结构、功能和灵活性、舒适、可持续性、可识别性、光照、声音、外观、细节等建筑设计十原则。他希望这是可以并应该实现建筑的坚固、便利和快乐的方式的有用的集合。

建筑师或工程师如何才能设计、建造出能够更好地满足人们需要的好

① 梁思成．梁思成文集（四）[M]．北京：中国建筑工业出版社，1986.

② 梁思成．梁思成文集（四）[M]．北京：中国建筑工业出版社，1986.

建筑？维特鲁威对建筑师提出了很高的要求，他认为“建筑师应该擅长文笔，熟习制图，精通几何，深悉各种历史，勤听哲学，理解音乐，对医学并非茫然无知，通晓法律家的著述，具备天文学或天体理论的知识”。达·芬奇则提出了“医生建筑师”的概念。他认为，建筑师或工程师等都应该有一种孜孜不倦地追求自然规律的精神，从而为广大民众建造出满意的建筑。“他对于建筑工程的看法可以从他给米兰大教堂负责人的信中一段来代表他的见解。信中说：‘就如同医生和护士需要知道人和生命和健康的性质，知道各种因素之平衡与和谐保持了人和生命和健康，或是各种因素之不和谐危害并毁灭它们一样……同样的，这个有病的教堂也需要这一切，他需要一个“医生建筑师”，他懂得一个建筑物的性质，懂得正确建造方法所须遵守的法则，以及这些法则的来源与类别，和使一座建筑物存在并能永久的原因。’他是这样地重视‘医生建筑师’，而所谓‘医生建筑师’的任务则是他那不倦地追求自然规律的精神。”① 他非常注重关心人民的生活。在15至16世纪，都市建设的重点在防御工程，城市的本身往往被视为次要的附属品，达·芬奇生在意大利各城市时常受到统治者之间争夺战威胁的时代，他的职务很多次都是监修堡垒，加固防御工程，但他所关心的却是城市本身和平常居民的生活。②

工业革命之后，随着经济的迅速发展和城市的不断扩张，建筑领域也发生了天翻地覆的变化。建筑职业道德法律规范的明确化、具体化也逐渐成为时代发展的迫切要求。很多专门的职业团体和组织相继出台了建筑、土木工程等行业的职业道德规范或守则。美国建筑师学会（AIA）于1909年制定了首部面向学会成员的建筑伦理准则，后来又进行了数次修改。1977年，美国土木工程师协会（ASCE）对其伦理规范进行了修正，增加了工程师的环境责任，并在1980年4月的理事会中正式通过了第120号政策声明，建议工程师将自己奉献给以下环保目标：① 土木工程师必须认识到他们的行动将会影响到环境，从而增加将生态关注结合进工程设计的知识和能力；② 土木工程师必须不仅告知客户所要求的服务和所选择的

---

① 梁思成．梁思成文集（四）［M］．北京：中国建筑工业出版社，1986.

② 梁思成．梁思成文集（四）［M］．北京：中国建筑工业出版社，1986.

设计将产生的效益，还必须告诉他们这样做的环境后果，只推荐负责任的行动路线；③ 土木工程师必须充分利用协会的支持会员努力关心环境的机制；④ 土木工程师必须认识到非常需要在发展、改进和支持有效的政府项目中起带头作用，保证环境得到充分保护，但要避免过度规章化从而抑制经济发展。认识到上述规范的不足，ASCE 于 1983 年还补充提议了另外一条基本标准：工程师在提供服务时，为了当前和后代人们的利益，应当精心保护世界资源、自然和文化环境。[①] 1999 年在北京举办的世界建筑师大会上正式通过了由我国建筑学会副理事长张钦楠和美国建筑学会的詹姆士·A. 席勒、FALA 共同签发的《国际建筑师协会（UIA）关于建筑师实践中职业主义的推荐国际标准认同书》，是目前指导世界职业建筑师的实践的一部重要文献。在该认同书中有《关于道德标准的推荐导则》一节，从“总的义务”“对公众的义务”“对业主的义务”“对职业的义务”和“对同业的义务”五个方面阐述了建筑师所应承担的基本义务和所应遵守的职业道德。书中强调“建筑师职业的成员应当恪守职业精神、品质和能力标准，向社会贡献自己的为改善建筑环境以及社会福利与文化所不可缺少的专门和独特的技能。”“它们涉及对本职业所服务和造福的公众的责任，对业主，建筑用户和帮助形成建造环境的建筑业的责任；对建筑艺术和科学的责任，这种知识和创造的延续已成为本职业的遗产。”[②]

在我国，“建筑师”即建筑设计师作为一种正式职业出现于 20 世纪初期。在我国古代，从事建筑生产的人被称作“梓人”，他们偏重技术，理论性不强，建筑经验主要依靠口口相传，建筑思想往往体现在建筑物的形制中，而很少有专门的对建筑理论的论述。在 20 世纪 10 年代至 20 年代初，“建筑”成为一种专业名称，它区别于单纯的工程技术和画图，强调建筑学兼容技术与艺术的学科特性；以“师”为职业称谓则强调了其与工程师、律师、医师等新兴职业相同的现代性。“建筑师”一词早在 1925 年就已经出现在南京中山陵竞赛的相关文件之中，“上海建筑师学会”的成

---

① 秦红岭．建筑的伦理意蕴——建筑伦理学引论［M］．北京：中国建筑工业出版社，2006.

② 陈喆．建筑伦理学概论［M］．北京：中国电力出版社，2007.

立则将该职业名称在社会范围的专业分工中固定化。[①]新中国成立后，为“第一个五年计划”做准备，国家于1952年成立了中央建筑工程部（简称“建工部”）。建工部成立后，正式将建筑设计方针的讨论提上了议事日程。众多专家、学者进行了热烈讨论，认为总方针应该以适用、坚固、经济的原则为主要内容，同时由于建筑物又是某一时代文化的代表，所以在不妨碍上述三个主要原则的前提下，建筑设计还应适当照顾外形的美观。综合苏联专家和中央领导的意见后，最终确定了我国的建筑设计方针为“适用、经济、在可能的条件下注意美观”，这一方针的出台标志着我国建筑职业道德原则的基本确立。

由于道德本身具有阶级性，社会主义建筑职业道德作为社会生活中某一行业的道德原则和规范同样需要维护广大无产阶级的利益和需要。梁思成曾指出：“我们的服务对象是广大人民。我们不再只设计一两座‘公馆’‘别墅’‘银行’‘公司’，而是整条街道、整个街坊和整个城市。我们必须面向工农兵，体验他们的生活，了解他们在物质和精神生活上的需要，以近代科学技术上的一切成就，以他们喜闻乐见的形式，为他们创造适宜于生产用的和生活用的物质环境。而我们创造出来的物质环境，又必须是能鼓舞人民群众热爱祖国，鼓舞他们向社会主义的方向努力奋斗的艺术创作。我们的事业是全民的事业。我们的任务是无比光荣的，同时也是极其艰巨的。”[②] 他说：“以往的建筑是为少数人的享乐的，今天是为人民；以往是半殖民地的，今后应是民族的，我们只采取西方技术的优点，而不盲从其形式。所以在建筑创造的原则方面，也是与政治配合的，是反帝，反封建，反官僚资本的。”[③]

在城市规划方面，梁思成也提出了关于城市规划需要遵循的职业伦理原则。他引用了苏联建筑史学家N. 窝罗宁在《苏联沦陷区收复后之重建》中的话，在提到许多历史名城如诺夫哥洛、加里宁、斯莫棱斯克及伊斯特拉等城在重建时的特殊问题，窝罗宁说：“计划一个城市的建筑师，必须

---

① 赖德霖．中国近代建筑史研究［M］．北京：清华大学出版社，2007.

② 梁思成．梁思成文集（四）［M］．北京：中国建筑工业出版社，1986.

③ 梁思成．梁思成文集（四）［M］．北京：中国建筑工业出版社，1986.

顾到所计划的地区的生活历史传统和建筑的传统，在他的设计之中，必须保留合理的，有历史价值的一切，和在房屋型类和都市计划上特征的一切；同时这城市必须成为自然环境中的一部分。……并且要避免千篇一律的标准化；他必须采纳当地人民所珍贵的一切。第一条必须遵守的规则是人民的便利，人民的经济的和美感的条件，和习惯的，文化的需要。最后的计划是依据这些要点而决定的。”“在规划的时候，都市计划工作者必须有预见将来的眼光，他必须知道并且感觉出一个地区生活所取的方向，他的建筑必须使他的房屋和他的城市能与生活的进步一同生长发展，不是阻挠，而是按照今天进展的速度予以协助。所以基本计划应该为城市今后十年至十五年的期间的发展而设计的。”由此，梁思成提出在规划北京城中应遵循的条件有十一个。第一，要合于部署原则：① 须预感出地区生活所取的方向；② 行政中心区的部署必须为改善并发展大北京计划之一部分，行政区所选择的位置必须是协助发展的位置，它必须不妨碍本身和其他区域发展的趋势；③ 行政区同他种作用的区域须有合理的关系，有便利与经济的联络，而不是将政府机关房屋混杂到其他区域之内；④“为文化及习惯的需要”，保留中国都市计划的优美特征，不模仿不合便利条件，不合美感条件，或破坏本国优美传统的欧洲城市类型，遵守民族传统，建立有中心线的布局，每一个单位各有足够的广庭空间的托衬，有东方艺术的组织；⑤ 它全部显著地表现出中华人民共和国政府中心所在及被人民所爱护尊崇的印象，产生精神作用，成为庄严整肃的环境。第二，要有建筑形体上的决定。建筑本身的形体必须是适合于现时代及有发展性的工作需要的布置；必须忠实地依据现代经济的材料和技术；必须能同时利用本土材料，表现民族传统特征及现时代精神的创造；不是盲目地模仿古制或外国形式。第三，要足用的面积。第四，要有发展余地。第五，须省事省时，避免劳民伤财。不必为新建设劳民伤财，迁徙大量居民，拆除大量房屋，增加复杂手续，耽误时间。第六，不增加水电工程上的困难而是发展。第七，与住宅区有合理的联系。政府区必须与同他有密切关连的住宅区及其供应服务的各种设备地点没有不合理的远距离，以加增每日交通的负担。第八，要使全市平衡发展。第九，地区的选定应能控制车辆的合理流量。第十，不勉强夹杂在不适宜的环境中间。第十一，要保护旧文物建筑。在新建设的计划上，必须兼顾北京原来的布局及体形的作风，我们有特殊责任尽力保护北京城的精华，不但要消极地避免直接破坏文物，亦须积极地计划避免间接因新旧作风不同而破坏文物的主要环境。①

综合以上关于建筑设计、城市规划等需要遵循的原则与规范的观点，笔者认为建筑职业道德原则与规范需要依据建筑的实用性、文化性、艺术性、民族性、纪念性、消费性等特点来进行确立。为了满足其实用性，需要建筑设计、施工等从业者遵循安全、坚固、适用、健康等原则；为了适应其文化性，需要从业者尊重当地人民的习俗、习惯等特点，以满足人们的文化需求；为了适应其艺术性特点，需要建筑从业者遵循美观、快乐等原则，使建筑形式能给人们带来美的享受和愉悦感；为了适应其民族性特点，需要建筑从业人员根据不同民族的风俗习惯和心理特征设计富有民族特色的建筑；为了适应建筑的纪念性特点，需要对历史性建筑进行合理的保护和修缮，以满足人们的记忆需求；为了适应建筑的消费性特点，需要从业人员在尽量满足人们的功能需要的同时，从资源节约的角度尽量减少对资源的浪费和对环境的破坏，从而实现建筑的可持续发展。同时，对于建筑管理人员而言，为了帮助实现以上建筑的价值目标，则需要遵循廉洁、诚信、公正等原则。

第四节　建筑职业道德修养的养成

要保证建筑从业人员能够很好地遵守职业道德原则和规范，除了需要相关制度、法律法规等设计外，加强建筑从业者的自身道德修养，发挥其应有的自律意识，将是至关重要和治本的举措。道德修养是指社会成员依据一定的道德原则和规范在道德认识、道德情感、道德意志、道德行为等方面进行的自我教育、自我反省、自我改造、自我完善，以提高个人精神境界、塑造良好道德品质的道德实践活动。建筑从业者职业道德修养的具体实践方法可以从以下几个方面入手。

---

① 梁思成．梁思成文集（四）［M］．北京：中国建筑工业出版社，1986.

（一）确立高远的职业理想

职业理想是人们在职业劳动和职业生活中所形成的对职业的理想目标和价值追求，它是人生理想的具体内容和表现之一，是人们在职业活动中渴望价值实现、走向卓越的心理驱动力及其集中化体现。一个人的职业理想越能体现出对他人、对社会的强烈责任感，他就越明晰自己的职业发展目标。马克思在《青年选择职业时的考虑》中曾说道："我们的使命决不是求得一个最足以炫耀的职业，因为它不是那种使我们长期从事而始终不会情绪低落的职业。相反，我们很快就会觉得，我们的愿望没有得到满足，我们的理想没有实现，我们就将怨天尤人。……在选择职业时，我们应该遵循的主要指针是人类的幸福和我们自身的完美。不应认为，这两种利益是敌对的，互相冲突的，一种利益必须消灭另一种的。人类的天性本身就是这样的：人们只有为同时代人的完美、为他们的幸福而工作，才能使自己也过得完美。……如果我们选择了最能为人类幸福而劳动的职业，那么，重担就不能把我们压倒，因为这是为人类而献身。那时，我们所感到的就不是可怜的、有限的、自私的乐趣，我们的幸福将属于千百万人。我们的事业是默默的，但她将永恒地存在，并发挥作用。面对我们的骨灰，高尚的人们将洒下热泪。"正是由于马克思很早就为自己确立了远大的职业理想和抱负，所以他后来才能成为改变世界和全人类的伟大思想家。

在 20 世纪 20 至 30 年代民族危机日益加剧的社会背景下，我国的第一代建筑师纷纷意识到创作一种融东西方之特长的建筑应该成为他们的职业理想。"一个民族之不亡，全赖着一个民族固有艺术的不亡，所以我们要竭力把大中华的东方艺术来发扬，这，当今建筑师，应该负荷着这个使命。"[①] 1931 年 2 月，"上海市建筑协会成立大会宣言"倡议建筑师们应该"赓续东方建筑技术之余荫，以新的学理，参融于旧有建筑方法，以西洋物质文明，发扬我国固有文艺之真精神，以创造适应时代要求之建筑形

---

① 沈麋鸣．建筑师新论［M］//赖德霖．中国近代建筑史研究．北京：清华大学出版社，2007.

式"[①]。第一代建筑师也清醒地意识到，他们所设计的建筑既应该融东西方之特长，担负传承中华文化的使命，同时也应该成为"让人住得舒服的建筑"。杨廷宝曾指出："建筑设计应为广大群众的生产、生活服务，而非建筑师个人表现的工具，因此工作中应注意一般大量性建造的建筑。"[②]也就是说，为人类提供的生活和生存环境是否合理、合法、合用应该是建筑师最为关心的，而不应该单纯地以设计新的、奇特的、富有个性的建筑作品为自己树碑立传或作为自己追求的职业目的。

（二）加强职业道德修养需要持之以恒

一个人道德境界的完善不是一朝一夕所能完成的，它必须通过持之以恒的道德修养活动，通过日积月累，积小善为大善，天长日久，方能真正实现。所以，一个人的道德修养贵在坚持，日复一日，年复一年，不能一曝十寒。曾子讲："吾日三省吾身，为人谋而不忠乎？与朋友交而不信乎？传不习乎？"（《论语·学而》）《大学·盘铭章》讲："汤之《盘铭》曰：'苟日新，日日新，又日新。'"意思是说，商汤在澡盆上刻着这样一句自励的铭文："只是一天清洗自己，是不够的。应该每天都去清洗，一日继一日地持续下去。"只有如此，才能使自己每天都有新的进步。我国现代著名教育家陶行知先生于1942年7月20日，在育才学校三周年纪念会上，为广大师生提出了"每天四问"的道德要求。第一问：我的身体有没有进步？第二问：我的学问有没有进步？第三问：我的工作有没有进步？第四问：我的道德有没有进步？这与曾子的"三省吾身"有异曲同工之妙，都是告诫人们道德修养活动特别需要经年累月的长期坚持，唯有如此才能实现由量变到质变，积土成山、积水成渊、积善成德的良好效果。

（三）有意识地进行职业道德学习

不管是从事何种职业，除了需要学习相关的专业知识和技能以外，进

---

① 赖德霖．中国近代建筑史研究［M］．北京：清华大学出版社，2007.

② 刘先觉，汪晓茜，葛明．建筑教育的师表——纪念杨廷宝先生诞辰一百周年［J］．新建筑，2001（6）：7.

行职业道德学习也是十分必要的。苏格拉底认为“美德即知识”，也就是说，美德不是人们天生就具有的，它更多地需要进行后天的学习。对于建筑从业者而言，除了进行普遍的道德思想、道德规范、道德模范的学习之外，还应该结合行业特点从以下几个方面加强职业道德学习以提升从业人员的职业道德修养和精神境界。

第一，加强对建筑行业史的学习和认识。历史学习不仅是一种知识学习，更是一种道德学习。学习一个国家的历史是激发国人爱国主义情感的重要途径和方式。梁启超曾说：“史学者，学问之最博大而最切要者也，国民之明镜也，爱国心之源泉也。今日欧洲民族主义所以发达，列国所以日进文明，史学之功居其半焉。”①学习某一个行业的历史，则是增强人们对行业的认同感、归属感、荣誉感的重要内容。我国的建筑行业有着漫长、曲折的发展历史。如果年轻一代对此不了解，不学习，其工作和创新将成为无源之水和无本之木。所以，通过系统的行业史学习和回顾，可以增强广大从业人员对建筑行业的认同感、归属感、历史使命感和职业责任感，从而为建筑行业和我国建筑文化的进一步健康发展提供积极的精神动力。第二，系统地了解考察我国建筑行业的现状和未来。建筑从业者尤其是青年一代，只有更好地认清建筑行业在我国国民经济、社会发展中的重要地位和作用，了解我国建筑业所取得的伟大成就，才能增强对建筑行业的自豪感和坚定信心。同时，只有看到我国建筑业目前所存在的突出矛盾和问题以及与发达国家之间的差距，才能使从业人员更好突破自我、开拓创新，从而为国家建筑行业的良性发展和中国特色建筑文化的发扬光大做出应有的贡献。第三，大力学习建筑行业的英雄模范人物的人格与精神。道德榜样的力量是无穷的。“道德榜样总是集中体现了一定社会、一定历史时期的较高的道德水平，代表了道德发展的方向。从道德榜样的身上，受教育者可澄清人生的价值、意义和目标所在，明了应如何实践自己的人生。大多数人在本质上是向善的，对模范英雄人物充满敬佩之情，对理想人格充满向往，特别是青少年，大都希望自己成为出类拔萃的人物，所以会在自觉或不自觉中选择与自己情况，如背景、个性、性别、年龄近似的

---

① 梁启超．新史学［M］．北京：商务印书馆，2014．

模范人物作为自己的榜样，并努力去模仿和学习。”[①]中华民族的建筑行业涌现出一批杰出人物，他们技艺高超，为中国和世界建筑文明做出了杰出的贡献，而且他们品格高尚，其乐业敬业的道德风范为众人称颂，这些事迹要让青年一代了解、学习并效法。[②]第四，不断地学习各种知识，包括文学、历史等中所蕴含着的伦理精神、气质、情怀等。我国第一代现代意义上的建筑师如吕彦直、刘敦桢、梁思成、杨廷宝、童寯等在这方面就为后学之辈做出了很好的表率。他们大多数都家学深厚，在青少年时期均接受了中国传统文化的洗礼和熏陶，具有深厚的国学功底。如中山陵设计师吕彦直（1894—1929），其父名吕增祥，科举出身，曾被李鸿章推荐担任中国驻日本使馆参赞。吕彦直在其年幼时曾在姑姑吕汶的教授下学习四书五经、诗词、临帖练字等；刘敦桢（1897—1968），其家历代都是科举官宦出身，他自幼受教于家馆，习得了许多有用的文史知识，为其日后取得巨大的建筑学术成就起了很大的帮助；梁思成（1901—1972），广东新会人。父亲梁启超是广为人知的维新运动领袖、思想家。梁思成受父亲影响，自幼攻读《左传》《史记》等古籍，从小就对中国传统文化有着浓厚的兴趣，并打下良好基础；杨廷宝（1901—1982），其父杨鹤亭为清末进步学者，杨廷宝拥有良好的家教，一生遵循“中庸之道”，为人性格温和、待人诚恳、情商过人；童寯（1900—1983）自幼也接受了正规的传统文化教育，他对传统文化的研究涉及哲学、历史、文学及艺术等，喜欢中国画、律诗和园林，中国式文人的情怀在他身上有着强烈的体现。“由于这样一种了不起的职业必由丰富多彩的专业知识来装点，所以我不信任那些天真地声称自己如何如何的建筑师。只有一步一个脚印不断攀登，从小接受教育——首先是语文，以及技艺的人，才能抵达巍峨的建筑圣殿。”[③]

（四）职业道德修养贵在力行

“纸上得来终觉浅，绝知此事要躬行。”《中庸》提出“博学之，审问

---

① 安云凤．新编现代伦理学［M］．北京：首都师范大学出版社，2001．

② 何泽映．对建筑施工企业加强职业道德教育的思考［J］．辽宁经济，2003（3）：60．

③ 维特鲁威．建筑十书［M］．陈平，译．北京：北京大学出版社，2012．

之，明辨之，笃行之”，肯定了“行”是道德修养的重要内容。荀子提出“学至于行而止”的命题，认为行是学的目的和归宿。“二程”强调道德修养不能离开“致知”“力行”二事。道德修养不仅在于培养坚定的道德信念，而且应当把对天理的信念付诸实践行为。王阳明提出了“知行合一”。他说，“知是行的主意，行是知的功夫，知是行之始，行是知之成”①，“圣学只是一个功夫”，知行本不可离，两者乃同一过程，即所谓“知行合一并进之功”。道德修养的方法，具体而言包括改过（改正过失和错误）、慎独（自觉控制自己的欲望，不靠别人监督）、内省（自我反省，体现的是道德的自律，不仅省察自己的言行，还要省察自己的思想，即动机和效果都需要省察，如嫉妒心、慈善心、包容心等）、自讼（自我责备、自我批评）、居敬（持身恭敬）等。

当然，在我国当前的建筑职业领域，从业人员职业道德修养的提高必须和丰富而又复杂的职业道德实践紧密联系起来。这是因为：第一，社会实践是道德修养的前提和基础。人们之间的利益关系，是道德关系的核心内容。如何对待和处理这种关系，是评价行为善恶和考察道德品质状况的根本依据。人们只有在社会实践产生的利益关系中，才能认识相互间的道德关系，才能暴露自己的思想矛盾，才能认识自己行为的利己利他性质，才能认识进行自我道德修养的必要性。第二，社会实践是道德修养的目的和动力。进行道德修养，培养优良的道德品质，是为了更好地进行改造客观世界的实践活动，为人类社会的进步事业做出更大的贡献。我们只有把社会主义职业道德的理论、原则和规范运用到社会实践中去，对照、检查自己的言行，改正不正确的东西，才能不断地形成自己的高尚品质。第三，社会实践是检验道德修养的客观标准。判断一个人的道德修养效果的有无和大小，既不能听他口头上讲什么，也不能单纯看他有没有具体的行为表现。而是要看他修养的方向是否正确，方法是否对头，主观努力的程度如何，客观效果怎样。而这些只有通过社会实践才能得到检验。②

① 王阳明．传习录［M］．北京：中国画报出版社，2013.

② 王泽应．伦理学［M］．北京：北京师范大学出版社，2012.

第二章

建筑设计职业道德案例

在建筑设计中，建筑设计师应遵守建筑设计职业道德，坚持对设计之善的追求，综合考虑经济、适用、美观之间的关系，设计与文化、环境的结合，设计的安全性与奢侈性问题以及设计的标新立异与整体协调问题，坚守当代建筑设计师应秉承的价值理念和职业责任。

第一节 建筑设计的基本伦理原则与规范

探讨建筑伦理，必须涉及建筑设计中应遵循的基本伦理原则和规范。因为建筑设计的基本伦理原则实则就揭示出建筑善恶的基本价值观，以此可以判断建筑发展是否能够促进人类福祉。曾有人对建筑的未来主义发展这样描述："赶紧用倾颓坍败的宫殿的废料来填没威尼斯的那条恶臭的小运河。烧掉那些威尼斯的狭长的平底船和傻瓜们爱玩的秋千，让严格的几何图形的金属大桥耸向青天，建造烟云缭绕的大工厂，废除一切古老建筑物毫无生气的曲线。"可见，强调建筑设计的基本伦理要求对于人类的建筑理念、建筑行为或建筑活动都会起到基本的道德引领作用，一旦失去了对建筑设计之善的追求，那就失去了建筑本该带给人们的便利、美感、愉悦、健康、安全等。正如现代建筑大师路易·康所说："把建筑的出现视为人性的表达，是极为重要的，因为我们活着是为了表达。”法国的建筑理论家罗梅尔曾这样写道：“真正的建筑师以带翼的脚徜徉在一片豪华的私人花园内，远离尘俗和灾难。靠近一座引发思索的神庙，那里流淌着川流不息的泉水。他有四只手，四个耳朵和三只眼睛。一只眼睛看着上帝，用一只眼睛观察并评价当下的世界，用另一只眼睛预见未来。他并非孤身一人，一位年轻人在他的面前，渴望从他那里获得知识。”建筑设计理念应遵循功能、艺术、价值相统一的原则，即真、善、美相统一。善包括物质功用的善如安全、适用等，以及精神功用的善，即使人感到不难过，感到舒服，甚至有一种精神的愉悦和教育意义。另外，在建筑设计活动中，不损害他人的利益，包括社会和环境的利益是非常重要的，按照可持续发展的伦理价值观，这种不损害不仅仅是指当代人的利益，还应包括代际利益。对建筑师而言，即使我们不能使其他人（与其建筑设计活动无直接利益关系者）获益，至少也不应该伤害他们，这一点应是建筑师遵循的基本道德。所以，“不伤害”的理念和真善美的统一可以将建筑道德的深度降为最低、广度扩展到最大。据此，我们可以从中总结出建筑设计伦理原则和规范。

一是人道主义原则。建筑应坚持人性化设计，建筑归根结底是为人所使用的，人是建筑的主人，人性化是建筑的本质。在设计理念中坚持人际正义和代际正义，这应是建筑师遵循的基本道德。

二是审美原则。建筑是一种艺术，建筑设计师需要从建筑伦理的视角出发去认识建筑艺术的理念、价值、功能等方面的问题，使建筑能够带给人一种愉悦、优雅的效果。

三是安全原则，建筑最大的功用就是居住，建筑师应通过对建筑的合理规划和设计，保证建筑的稳固、耐用，这是建筑设计伦理的基本善，是保证人类生命和财产安全的基本要求。

四是环境保护原则，建筑设计应遵循绿色理念，遵从生态规律，注重资源节约和环境保护，使建筑对环境产生的影响降到最小，实现自然生态环境和建筑结构建造之间的和谐。

案例2.1

最伟大的力量是责任[①]

1985 年，人们发现，牛津大学有着 350 年历史的大礼堂出现了严重的安全问题。

经检查，大礼堂的 20 根横梁已经风化腐朽，需要立刻更换。

每一根横梁都是由巨大的橡木制成的，而为了保持大礼堂 350 年来的历史风貌，必须只能用橡木更换。

在 1985 年那个年代，要找到 20 棵巨大的橡树已经不容易，或者有可能找到，但每一根橡木也许将花费至少 25 万美元。

这令牛津大学一筹莫展。

这时，校园园艺所来报告，350 年前，大礼堂的建筑师早已考虑到后人会面临的困境，当年就请园艺工人在学校的土地上种植了一大批橡树。

如今，每一棵橡树的尺寸都已远远超过了横梁的需要。

这真是一个让人肃然起敬的消息！

一名建筑师 350 年前就有的用心和远见。

建筑师的墓园早已荒芜，但建筑师的职责还没有结束。

如今，这样一个故事能给我们什么启示呢？

尽可以去联想一系列的词汇——可持续，资源，长久，环境，但这些都显得太弱。

可能，只有一种力量会持续，那就叫“责任”。

故事本身不重要，伐倒 20 棵橡树，牛津人应该会再补种上 20 棵，也许，还会种下更多一些。

思考题

建筑设计师的行为应符合哪些基本的道德规范？

---

① 最伟大的力量是责任［EB/OL］．［2020-03-16］．http：//www.leifengwang.org/h-nd-1441.html.

案例分析

在建筑设计的基本伦理规范方面，建筑设计师应具备责任意识和整体意识，坚持公共利益至上，处理好经济利益与社会利益之间的冲突。

建筑设计师需要具备责任意识。对于建筑设计来说，建筑师责任心的缺失，就有可能导致各种问题的发生，例如安全问题、环境问题等。当一位负责任的工程师认识到某个工程设计违反了建筑规范但却不去反对，工程师将为由此导致的任何伤害或死亡的结果承担一定的责任。①

建筑设计师需要具备整体意识。建筑师就像一场战役的总指挥，要关注整个建筑项目和周围环境是否融洽。因此，建筑设计师要预先规划好各个环节，又要随着情况的变化适时做出调整，对创造的热情、对工作的认真，让一栋栋建筑物被赋予鲜明的个性。

建筑设计师要坚持公共利益至上。公共利益至上应是建筑师在进行建筑设计时必须要考虑的问题，通过技术和价值判断，使设计所产生的效益在商家和公众等不同群体中得到公正分配，关注弱势群体，维护和实现公众利益。

第二节 经济、适用、美观的协调

1956 年，国务院下发了《关于加强设计工作的决定》，提出“在民用建筑设计中，必须全面掌握适用、经济、在可能条件下注意美观的原则”。我国建设部于 1986 年制订的《中国建筑技术政策》提出了“适用，安全，经济，美观”的建设方针。在建筑设计中，经济与美观、适用之间的协调统一是建筑获得长久生命力的保障。公正的原则强调在建筑设计活动中建筑师有平衡各方利益的义务和责任。而建筑设计本身就是各种资源的利

① Harris C E, Pritchard M S, Rabins M J. Engineering Ethics: Concepts and Cases [M]. 4th ed. Wadsworth: Cengage Learning, 2009.

用、创造和再分配的一个过程。建筑师不能把个人意志强加于物品之上，他要处理好物与物、物与人、人与人的各种关系，要尽量周到地考虑，掌握好预算，平衡好各方的利益。因此，就建筑设计的公正而言，通常存在着经济与适用、适用与美观、经济与美观三方面的冲突。

首先，在经济与适用的协调方面，二者的确存在着一定的冲突。例如，当经济效益介入建筑设计中，就会出现公共与私密、外部与内部空间之间的矛盾，经济效益必然要求“物尽其用”，对公共空间的扩大、对外部空间设计的关注会明显减少经济利益的获得。因此，在经济的作用下，很难真正实现建筑伦理的合理诠释。这时，就需要建筑设计师在注重经济利益的同时，将建筑设计伦理规范进行最大化的贯彻，实现二者之间的平衡。一方面，就建筑本身来讲，建筑的最大功用就是居住，必然非常讲究适用性。另一方面，建筑的成本必须要控制在一定范围内，这样才能保证整个工程的顺利完成。因此，如何平衡好两方面之间的关系是建筑师在设计工作中需要权衡的重要问题。

案例2.2

四川孝泉镇民族小学灾后重建项目[①]

5·12 汶川地震使德阳市旌阳区孝泉镇民族小学的教学楼变成了危房并且被拆除。学校迫切需要重建。孝泉民小项目的重建资金是来自全国不同地区的社会各方捐助，学校的灾后重建得到包括江苏太仓红十字会，广东四会六祖寺慈善普济会，清华-香港中文大学金融 MBA 四川援建组，北大汇丰商学院私募股权 108 基金，侨爱协会及四川省光彩事业促进会等社会各方的爱心捐助。震前镇上的房子高度基本为 2～4 层，街道大多 5～6 米宽，街道的格局转折而富有变化，具有历史古镇自然生长的城镇空间特征。新教学楼定在位于相距不远的一条老街上，建设内容包括 18 个班的教学楼、各种活动室、学生宿舍、食堂等，共 8800 多平方米。校园占

① 四川德阳孝泉镇民族小学（灾后重建设计）[EB/OL]. [2020-09-28]. https://www.sohu.com/a/256667895_100159552.

地面积 16826 平方米，需要容纳 900 多名学生。新校址比原校址稍小，但需要容纳的学生更多了，且很多是进城打工的农民工的孩子，需要提供足够的宿舍和食堂空间供孩子们住校，因此项目的用地条件很不宽裕。四川孝泉镇民族小学操场见图 2-1。

图 2-1　四川孝泉镇民族小学操场

（图片来源：https：//www. sohu. com/a/256667895 _ 100159552）

与大量援建项目直接由外地输入工人、材料、技术不同，这个项目致力于实现一个高度本地化的建筑过程。回应本地气候，对本地材料、工艺的充分利用，采用本地适宜的建造手段等构成了建造的核心内容。设计中针对当地气候，对遮阳、通风、隔热做了仔细的考虑；并且充分运用当地材料和工艺，如页岩青砖、木材、竹子等，还包括地震后回收的旧砖，使其参与到重建中获得再生的意义。

在并没有太多过往经验的情况下，通过现场对模板支护细节和混凝土标号的几次实验摸索，总结出有效的技术手段，建筑结构最终采用现浇混凝土框架体系，也就是清水混凝土浇筑，外露的梁柱和部分混凝土墙面以清水方式处理，填充墙为外层清水砖墙和内层保温砌块的复合墙体，门窗采用实木门窗，固定扇为玻璃，开启扇为木头。上述元素在建筑立面上均清晰体现出其交接关系，反映出建构体系的逻辑。整个项目建筑工程造价在1500元/平方米以下，很好地实现了整体预算控制。

尽管如此，重建资金的不足并未影响到学校的适用。设计将校园视为一个微型城市，在校园内创造出许多类似于城市空间的场所：街巷、广场、庭院、台阶。这些场所给孩子们提供了不同尺度的游戏角落和迷宫式的空间体验，试图在延续孝泉镇的城市空间记忆的同时，激发孩子们的好奇心和想象力，使他们在游戏中去自我发现和释放个性。校园中原有的两棵大树被保留，一棵将近20米高的皂角树成为正对核心庭院和大台阶高的景观，大台阶既是联系教学楼和操场及食堂的通路，又是多种活动——游戏、读书、集体照相、看比赛等的场所。大台阶下面是社团活动室，其南侧是一个游戏廊，内部有几个大小不一的角落，上面的天窗与大台阶联系，这个小空间促发了很多儿童活动——写作业、踢毽子、捉迷藏等，建成后学生非常喜爱，被称为“石屋”。希望基于自然生长而形成的城镇所特有的自下而上式的空间复杂性在建筑中得以呈现，并给予个体更多的环境选择，而不是大刀阔斧地借重建之机将原来的城市肌理粗暴地抹去。

思考题

1. 孝泉镇民族小学灾后重建项目的建筑设计带给我们什么启示？
2. 在建筑设计中，经济与适用的平衡需要考虑哪些道德准则？

案例分析

好的建筑能在有限的空间内创造出极大的丰富感，实现经济与适用的平衡。四川孝泉镇民族小学灾后重建项目将建筑成本控制在可控范围内，达到了经济与适用的平衡。面对前期重建资金的不足、用地条件不充裕的问题，设计师有效运用当地材料和工艺，利用地震后回收的旧砖，采用现浇混凝土框架体系，充分考虑了重建资金与适用性之间的有机统一。设计师华黎采用混凝土的想法，就是经过了多方的考虑，包括造价、当地气候、耐久性以及建筑本身传达的庄重气质。在建筑设计中，建筑师应做到实事求是，因地制宜，坚持经济与效率并重，在充分考虑建筑成本和预算的基础上，把人道主义原则贯穿在整个建筑设计中，保证建筑的适用性。

其次，在美观和适用的关系上，应在“适用”的前提下，尽可能地做到“美观”。古罗马建筑师维特鲁威的《建筑十书》是现存的欧洲古代最完备的建筑专著，书中提出了“坚固、实用、美观”的建筑原则，奠定了欧洲建筑科学的基本体系。我国的建筑设计理念也由此得到启发。一方面，自古以来，我国的建筑设计就非常注重审美。美在我国就是一种合于中道的善，强调“对偶互补，追求在变化中求统一、寓对比中求和谐”①，在比例、形式、尺度、色彩等多个方面形成和谐统一的状态，中国建筑自古以来对审美的重视使人惊叹。另一方面，建筑的人性化设计也非常重要，因为建筑本身就是为人而建，如果建筑失去适用性，也就失去了建筑本身存在的意义。

案例2.3

图书馆看书还得打伞②

近日，一幅组图刷爆网络，毒辣的阳光透过深圳市图书馆的玻璃幕墙照射进来，市民撑起一把把雨伞扶桌阅读（见图 2-2）。照片在网上引发热议，有网友认为，图书馆设计存在缺陷，没有考虑到深圳夏天阳光暴晒问题。

深圳图书馆新馆由日本建筑师矶崎新先生主持设计，东面的整面曲面幕墙玻璃设计综合考虑了美观、透光等多种因素，充分利用了深圳一年四季日照充足的良好采光特点。受阳光暴晒较强的区域主要集中在图书馆

① 秦红岭．建筑的伦理意蕴——建筑伦理学引论［M］．北京：中国建筑工业出版社，2006.

② 彭晨．图书馆看书还得打伞［N］．深圳商报，2017-08-23.

图 2-2　深圳市图书馆东侧，读者在阳光下打伞看书

（图片来源：http：//app. peopleapp. com/Api/600/DetailApi/shareArticle? type=0&article _ id=679285）

1～3 层近东面玻璃幕墙处，这里设置有约 60 个阅览位置，都被毒辣阳光笼罩。不过还是有不少市民选择坐在此处，撑起一把雨伞安安静静看书。工作人员指出：“暴晒时间集中在夏季 7—9 月的上午 9 点至 12 点三个小时的时间段。”

“不打伞就要受太阳炙烤，在太阳底下看书，没几分钟就眼睛难受得不行，打伞了又把光线给遮挡住了，空间还小，写字、翻页都受到了限制。”在座位上看书的陆女士无奈地说，因为她来得晚，没有阳光的区域都被占了，她只能选择在这片区域阅读。记者注意到，为给市民遮阳，图书馆内也放置了一些大型遮阳伞，但效果并不是太好。

市民王先生说，他经常来图书馆看书，这片区域被太阳照晒也就上午三四个小时时间，等到中午、下午太阳偏西也就晒不到了。

记者随后也就此联系了市图书馆。据介绍，深圳图书馆东侧玻璃幕墙高度约 40 米，面积约 4000 平方米，为曲面、不规则立面，由 1256 块不规则三角形或梯形玻璃组成。满足了高透、敞开式的设计理念，与深圳音乐厅共同组成深圳市中心轴的标志性建筑体，是深圳市中心区的重要景观之一。早在2015年，图书馆就注意到部分区域被阳光暴晒，给市民阅读带来不便。

当时图书馆征询了原设计单位意见，也征集了市民建议和供应商提出的解决方案，在2016年对馆舍东立面部分年久老化的破损玻璃进行更换，在玻璃选材上兼顾考虑幕墙的遮阳问题。更换的幕墙玻璃可见光透射比约为54％，遮阳系数约为0.4，玻璃更换后，建筑内能耗下降较为明显，紫外线的隔绝度提高，一定程度上改善了读者的阅读体验（见图2-3）。

图2-3　深圳图书馆新馆的异形玻璃幕墙

（图片来源：https：//www.zkjz.com.cn/anli _ info _ 52.html）

由于夏季阳光太过强烈，目前图书馆正与相关各方沟通研究，拟通过调整空间布局，并在受阳光影响较强的区域内增设移动、易收起的大型遮阳伞，为读者提供临时遮阳服务，进一步改善读者阅读体验。

思考题

1. 图书馆玻璃幕墙的设计应更强调适用还是美观？
2. 在适用与美观的抉择中，建筑设计师应怎样取舍？

案例分析

玻璃幕墙这种现代设计方式往往为建筑增添了美感，动态清晰的流线、光滑圆润的建筑表面给人在视觉上带来独特的感官享受。但是，并非所有公共建筑都适合大面积玻璃幕墙设计。建筑的外部结构在很大程度上取决于建筑本身的功用，商业建筑、大型公共建筑、地标式建筑等是可以适用玻璃幕墙的设计的，但是，作为人们休闲、学习的场所，玻璃幕墙的设计不但会增加建筑成本，还会影响人在建筑中的舒适度。图书馆的功能本来就在于服务，这就要求图书馆应本着“以人为本”的理念来进行设计和规划。在深圳图书馆位于东侧中庭的阅读区，通高六层，基本为无墙的开放空间，外墙被三维曲面玻璃幕墙取代，幕墙外就是休闲公园。这种设计理念不能保证群众在阅读区活动的舒适度。因此，通过分析深圳图书馆新馆的设计理念，可以发现，在适用与美观的平衡上，一定要在保证建筑“适用”的前提下，兼顾“美观”，而不能将“美观”凌驾于“适用”之上。

最后，在经济与美观方面，赏心悦目的外观往往直接关系到经济利益的投入。一方面，美的结构和装饰是建筑美德的体现。建筑学家罗斯金就强调人对建筑设计所投入的心力和建筑师赋予建筑的精神与灵魂，在他看来，建筑不光是身之寓所，更是心之栖居。他并不关心建筑的效率和经济要素。李渔也在《闲情偶寄》里写道：“房舍与人，欲其相称。”这个“相称”的观念，阐明了建筑应该是人们灵魂的依靠，而不能只满足于商品的属性。另一方面，成本也是建筑设计师必须考虑的重要问题，设计师需要充分了解建筑工程实际需要的资金量以及设备情况，对建筑资源进行合理配置，如果不能根据预算确定出合理的设计方案，将会将严重影响工程造价，甚至出现豆腐渣工程。若将美观视作单独要求，那么，美观反而会变成一种对建筑设计的制约。普金所提倡的建筑伦理观念，核心是赞美真实材料与结构之美，将建筑结构和材料的真实性上升到道德高度，认为好的建筑就是结构材料方面的真实和不伪装。

建筑不但是一所房子，同时是一种艺术表达形式，但正如奥托·瓦格纳所说："艺术创作的唯一出发点只能是现代生活。"如果脱离了现实生活去寻求纯粹艺术式的建筑设计，那么，建筑就无法获得应具备的艺术性。由此可见，建筑设计师应具备当下所需的建筑设计新理念。一方面，建筑设计师需要认真考虑建筑工程投入的资金及设备因素。建筑施工过程需要花费大量的建筑材料以及资金，以此支持建筑工程的正常运作，这些因素都在很大程度上影响着住宅的施工质量。另一方面，注重科技力量的介入，科技力量不但可以作为高科技设计辅助工具，大幅减少工作量，提高效率，而且更为重要的是它能改变创作方式，通过定性、定量分析和对设计成果的科学检测，把审美元素有效添加进建筑设计中，让所有的装饰都应具有对建筑的结构本质的强化作用①。

第三节　设计与文化、环境的结合

建筑不仅是"石头的史诗"，更是"凝固的音乐"。建筑不是停滞不前的，而是不断生长的，它是一种精神植物，扎根于土壤，蓬勃化作一片片独特的风景。设计师苏喻哲说："建筑是这个世界的缩影，它不仅是这个世界的外形，也是内在的'形'。"因此，建筑师应注重建筑设计与文化之间的有机统一。"我们要有更为宽阔的地域视野，在全方位地发展区域政治经济社会文化的同时，发展建筑地域文化"②，当建筑成为这个世界的

① Augustus Welby Northmore Pugin. The True Principles of Pointed or Christian Architecture [M] . Gracewing Publishing, 2003.

② 吴良镛. 基本理念·地域文化·时代模式——对中国建筑发展道路的探索 [J]. 建筑学报, 2002 (2): 6-8.

一类外形，它也成为人类精神的内在组成部分，不断创造着新的文化记忆。[①]

案例2.4

香山饭店中中国传统文化符号的应用[②]

香山饭店由著名建筑设计大师贝聿铭设计。饭店依凭山势，院落相间，具有中国古典建筑的传统特色。

1）传统园林建筑符号的应用

在香山饭店的设计中大量运用中国传统园林的设计手法。香山饭店在选址上经过深思熟虑，整个建筑俯卧在景色优美的香山中，依山就势，与周围美景相融合。在平面布局上，采用了对称式的中轴线格局，贯穿了广场式的停车场、内庭式的大堂和建筑主花园三种不同性质的院落。为了减少对环境的破坏，整个香山饭店压低层高，给人以亲切感，在修建的同时还保留了原地八百年左右历史的银杏树，为了绕开原有的树木，客房部分不对称地排列在中轴线两侧，使整个建筑严谨中不失灵巧。曲折盘旋的客房部分圈出了一个个封闭的庭院景观，也使得客房走廊部分曲折环绕，一步一景，仿佛步入江南的园林中的长廊曲径。这种设计手法与我国传统园林设计学典籍《园冶》中的“相地”之法不谋而合。香山饭店入口处的门头，采用了传统园林中框景的手法，将身后的美景尽收眼底，越过门头，又给人一种豁然开朗的感觉。进入大厅，是巨大的照壁作障景，照壁中心的漏窗汲取了传统园林中月洞门的精髓，并与冰裂纹进行结合，借着漏窗，可以隐约看到大堂的风采，忽暗忽明，藏漏之间，趣味无间，体现出设计者的独具匠心。遍布建筑立面的菱形漏窗，则是对借景手法的完美诠释。尤其大堂走廊上的菱形窗，巧借大堂之景，使客房与大堂的空间产生

---

① 时评：建筑是种精神植物［EB/OL］．［2018-01-11］．http：//www.archcy.com/point/gdbl/87ee7e6b513ed2f3.

② 杨洁，潘俊峰．传统文化符号在香山饭店建筑设计中的应用分析［J］．家具与室内装饰，2018（6）：70-71.

“对话”，客房走廊处的菱形窗（见图 2-4），巧借庭院景观，让我们一睹一树一石皆风景的江南园林景色。

图 2-4　具有中华传统特色的菱形窗

（图片来源：http：//www.citiais.com/ztjufa/5553.jhtml）

总体而言，这种设计手法让香山饭店产生一种中国园林式的通透感，这种通透感和传统园林建筑的设计法则一脉相承。在香山饭店中反复使用的海棠花窗是与传统园林设计所不同的建筑符号要素，传统园林设计中，海棠花窗主要是用来装饰院墙的墙面，通过框景的设计手法，延伸院墙内的空间尺度，让建筑空间环境相互渗透穿插，形成一个有机的趣味无穷的园林景观。香山饭店中的海棠花窗在设计时却将传统园林中使用的尺寸放大了 8～10 倍，达到了长近 4 米、高近 2 米的尺度，通过这种设计方式，让空间与空间相互渗透的部分更开阔，让传统园林中的框景手法，变成了空间借景，无形中加大了建筑原有的空间尺寸，增加了香山饭店的空间尺度。这种在借鉴中创新的设计方法，使得传统园林设计符号的范畴不再局限在原有的意义上，扩充了传统园林设计文化的精神内涵，并且丰富了现代建筑设计的文化意义。

2）传统民居建筑符号的应用

“黛瓦白墙”是我国江南民居建筑独有的色彩符号体系，传承了江南文化的内涵与精髓，体现出不同于北方建筑热烈富丽的淡雅朴素。在香山饭店的设计中，贝聿铭沿用了这种白粉墙、灰瓦顶的色彩符号，衬托出周围的植物景观，很容易让人联想到古典的园林，给建筑增添了文人气息与雅致。硬山式屋顶是我国传统民居建筑中常见的一种双坡屋顶形式，山墙与建筑屋檐平齐或略高于屋檐，一条横向的正脊，四条垂脊，构成了两面坡的形式。香山饭店的设计将这种硬山式屋顶进行简化，使之更好地与现代化的建筑形式相融合，且又不失其精髓，整齐排列的屋顶形成独特的韵律。连接各个空间的大堂部分汲取了我国民居建筑中天井式合院四水归堂的精髓。秉承“天人合一”的思想，布局紧凑，四面建筑与院墙围合，外部封闭，内部留有一小天井，供采光和排水用。在中国古代哲学理论中，天井与“财禄”相关，每逢下雨天，雨水顺着屋顶内侧斜坡从四面流入天井，俗称“四水归堂”，寓意着财源滚滚如天上之水，从四面八方汇入家中。香山饭店的设计将这种天井式的院落格局创新地应用到内庭的营造中，并覆以现代化的玻璃钢架屋顶，巧妙地将室内外空间相连接。穿过大堂，是香山饭店的主花园，整体空间不是很大，与香山饭店主体建筑面积接近，中间由水体设计进行分隔，右侧的空间被石踏步隔开。主花园的中心是香山饭店的四绝之一的“曲水流觞”，“曲水流觞”出自王羲之的《兰亭集序》，是古代文人墨客绕曲水而坐，饮酒作诗、畅叙幽情的娱兴节目，以人为背景为切入点，增添了园林的人文意境。整个主花园三面是建筑，一面是围墙，将叠石理水、苍松劲竹尽收其中，借鉴了我国民居建筑中合院的建筑格局，将自然融入建筑中，实现了人与自然的对话。

3）传统建筑装饰符号的应用

方胜纹样是中国传统祥瑞装饰纹样之一，由两个并列同心相叠的菱形图案组合而成，取名为“方胜”。原为古代神话中“西王母”所戴的发饰，寓意吉祥，体现出天人合一、趋吉避凶的意义，象征着生命周而复始，“同心双合，彼此相通”。香山饭店立面造型上大面积整齐排列的菱形窗，将整个建筑笼罩在一个由菱形组成的巨大符号系统中，重复性与连续性的统一形成了强烈而有序的韵律感，营造出园林的气韵，也寓意着香山饭店修建之时中国与美国心心相连的友好关系。在我国古代，建筑不用石材而多用木材。因此，木结构是中国古代建筑的主要结构类型和重要特征。而在香山饭店建筑立面中，将这种传统建筑的木构架实体平面化，使之成为纤细的灰色装饰线条，既丰富了建筑的立面造型，又用传统建筑的符号语言与人对话，体现出传统与现代的传承与符号交融。设计师在深入思考和探索传统建筑装饰文化的精神内涵和审美意蕴的同时，巧妙地融入现代设计，这对继承并发展中国传统文化遗产意义重大。

思考题

1. 香山饭店的设计在中国文化的继承上对我们有哪些启示？
2. 建筑设计师应如何理解“建筑是民族的”？

案例分析

近代以来，中国文化的坎坷遭遇使得建筑设计的原型及精神几乎被遮蔽在西方建筑理论和建筑实践的光环中。外来建筑文化与民族传统文化的冲突在建筑上得到了充分的体现。在这方面，梁思成通过分析建筑的精神功能与中国建筑的民族传统特征之间的关系，提出我们应继承中国建筑结构的优势，只采取西方技术的优点，而不盲从其形式。他认为：“中国建筑的特征，在结构方面是先立构架，然后砌墙安装门窗的；屋顶曲坡也是梁架结构所产生。这种结构方法给予设计人以极大的自由，所以由松花江到海南岛，由新疆到东海岸辽阔的地区，极端不同的气候条件之下，都可以按实际需要配置墙壁门窗，适应环境，无往而不适用。这是中国结构法的最大优点。近代有了钢骨水泥和钢架结构，欧美才开始用构架方法。现在我们只须将木材改用新的材料与技术，应用于我们的传统结构方法，便可取得技术上更大的自由，再加上我们艺术传统的处理建筑物各部分的方法，适应现代工作和生活之需要，适应我们民族传统美感的要求，我们就可以创造我们的新的，时代的，民族的形式，而不是盲目的做‘宫殿式’或‘外国式’的形式主义的建筑。我们不唯可以如此做，而且绝对应当如此做，而且自信可以创造出这个新形体。……就如同我们的生活不应脱离群众，我们的新建造也不能脱离中国的生活习惯。”[①] 另外，梁思成在设计中南海宿舍时对中国传统民族风格的继承与创新作出这样的评论：“以往的建筑是为少数人的享乐的，今天是为人民；以往是半殖民地的，今后应是民族的，我们只采取西方技术的优点，而不盲从其形式。所以在建筑创造的原则方面，也是与政治配合的，是反帝，反封建，反官僚资本的。……每一时代的建筑总是会反映出当时的社会，政治，经济，文化的情形的，这几座楼的本身是我们这时代社会的产物；用砖而不用钢架或石料就表现我们现时的经济力量；在文化方面有自觉的反半殖民地时代的西式翻本样式，努力恢复民族原有的优美成分，（小的如瓦顶，屋檐，廊子、花台，大门，挂灯等，大的如整体的比例，墙面的处理，门窗的安排等）就表现革命的精神和在旧基础上创造新生命的力量。”[②]

案例2.5

改后的矿泉别墅　消失的岭南风韵[③]

莫伯治是中国设计大师，他的建筑创作善于把岭南庭园融合于岭南建筑之中。他独特的岭南园林建筑理论使中国古典园林意境升华到一个崭新的高度，冷漠无情的现代化建筑被他赋予回归自然的内涵。但是，改造后的矿泉别墅让本该属于这里的岭南风韵日渐消退。

1）经典“飞梯”被铁皮包裹

福建茶商叶少林2006年南下广州做生意，第一站就落脚在三元里大道499号伍福茶叶市场。那时候离他的档口几十米开外的另一幢低层临街建筑并不起眼，甚至给他带来不少困扰。

---

① 梁思成．梁思成文集（四）［M］．北京：中国建筑工业出版社，1986.

② 梁思成．梁思成文集（四）［M］．北京：中国建筑工业出版社，1986.

③ 裘萍，魏凯，王卫国．改后的矿泉别墅　消失的岭南风韵［N］．南方都市报，2012-02-23.

“一层有 3 米架空，长满了荒草，夏天引来好多蚊子，为了方便出入，人们架了一座 1 米多高的旱桥，即使这样，荒草还是会没过桥面。”那时候，叶少林并不知晓这座几乎荒废的建筑，就是我国著名岭南建筑大师莫伯治 20 世纪 70 年代的代表作——矿泉别墅 6 号楼。

这栋当年以平地造园和飞梯（见图 2-5）的使用闻名遐迩的岭南建筑，曾被英国的 B. Fletcher 于 1987 年在《世界建筑史（第 19 版）》中收录，与广州白云宾馆、白天鹅宾馆同列 20 世纪 50—80 年代初期的 43 个中国建筑项目中。莫伯治在设计中将传统园庭布局与现代主义内庭相互融合，使整个别墅既有传统内涵又有现实主义气质。《世界建筑史（第 19 版）》评价矿泉别墅设计是“1949 年以来尝试复兴中国传统的园林景观与建筑艺术有机结合的第一个建筑”。

图 2-5　被铁皮包裹的“飞梯”

（图片来源：http：//news. sina. com. cn/c/2012-02-03/082023978833. shtml）

2008 年，矿泉别墅承租方伍福集团开始给这栋残破的建筑穿“新衣”，装修一新的建筑正式定名“伍福茶叶市场”，其中一层铺了新瓷砖，原来代表岭南建筑特色的架空层全部被包起来隔成一个个 20 平方米的档口。

叶少林租到了临街的两个档口，其间有个二层的外楼梯被装修材料包了起来废弃着。叶少林为此还问承租老板为什么不拆了，“门口太矮车高一点的都过不去，碍事”。承租老板告诉叶少林，那是一个留洋建筑大师的作品，业主单位不让拆。

如今，矿泉别墅6号楼二楼连通酒店客房的门已被完全封死，楼梯全封闭后只有通透的楼梯间间或透进一条条光，给人的感觉昏暗而闷热。租户们并不知道与他们朝夕比邻的这条楼梯就是莫伯治当年的经典设计——“飞梯”。

矿泉别墅设计者之一、广州市原规划局副局长林兆璋曾是莫伯治的学生。2009年，他为了编写《岭南近现代优秀建筑1949—1999》一书故地重游。一看到自己老师当年设计的“飞梯”如今变成了茶叶市场正门旁“一个躺倒的V字形”突起。“我心痛得流泪！”林兆璋不忍再看便匆匆离去，临走前交代助手拍些照片。

2）别墅群已被服装城取代

比邻伍福茶叶市场是一家粤菜馆，菜馆连通着伍福酒店的大堂。原来菜馆所在位置只是连通矿泉别墅5、6号楼的连廊。无人指点，游客很难发现粤菜馆门口右侧墙上镶着一块题着“矿泉别墅”的石头招牌。

“这是仿制品，真的招牌收在我办公室。”矿泉别墅副书记黎广潮告诉记者。粤菜馆落地玻璃望出去是矿泉别墅仅存的一处园林小景。只不过，原先的人工池塘已经被硬底化后改成了养鱼池，湖面上架起了钢化玻璃，扩展出几十平方米的用餐面积。

院子角落有棵高得出奇的榕树，直蹿出三层楼高。“伍福酒店曾经想把这棵树砍了，说榕树跟客房贴太近了不安全，我坚决不同意，莫老的设计就是讲究随自然造景。”在黎广潮坚持下，打掉了跟树贴太近的天台围墙。

思考题

1. 在对中国传统建筑的设计改造中，我们应该注意什么？

2. 建筑设计师应负有怎样的职业责任？

案例分析

虽然说中国文化本来就是包容的，不是唯我独尊的，对于外来的建筑文化，我们能够敞开胸怀，兼收并蓄，但中国文化一样是需要传承和发展的，在建筑设计领域同样如此。因此，对以往具备文化特质的建筑，我们应当予以珍惜和保存。建筑设计师一定要具备基本的文化素养，遵循建筑的自然之道。按照梁思成的想法，在对传统建筑物的改造设计过程中，“我们要避免不知道古建筑的结构而修理古建筑。我希望同志们多做历史研究工作，从形式上、结构上、材料上、雕饰上、总的部署上去认识时代的和地方的特征，做各种各样多方面的比较研究。千万不要一番好意去修缮古文物建筑，因为这方面知识不够，反而损害了它。”① 建筑在某种意义上是文化的载体，中国建筑体现着中国传统价值观念的延续。因此，在建筑设计与文化的统一方面，建筑设计师具有传承中华优秀传统文化的职业责任，应坚守中国文化的强大同化力，不可一味地盲目模仿西方范式，不可让建筑变得东西混杂，不伦不类，不能让本来被赋予本国文化伦理积淀的建筑群成为西方建筑的翻版。

案例拓展2.1

埃菲尔铁塔和悉尼歌剧院②

1889 年巴黎为世博会建造了两座充分展示当时钢铁技术的 200 米跨度的机械馆和 300 米高度的埃菲尔铁塔。这座以设计者命名的铁塔在建造之初和落成之后，遭到来自当时建筑界、文化界等方面激烈的指责和非难，许多人认为它破坏了巴黎的古典之美，是一个奇丑无比的钢铁怪物。但是如今它却是巴黎的象征，是世界观光客赴法国的必游景点。

同样，悉尼歌剧院也是澳大利亚的象征，甚至有人认为如果没有悉尼歌剧院，悉尼湾的美丽是有缺憾的。但是当年当小沙里宁从废纸篓里捡回

① 梁思成．梁思成文集（四）［M］．北京：中国建筑工业出版社，1986.

② 陈喆．建筑伦理学概论［M］．北京：中国电力出版社，2007.

伍重的方案时，可能没有想到澳大利亚的纳税人要为此多付出16倍的血汗钱。

如何对埃菲尔铁塔等这类在建造之初颇有非议，而若干年后又地位隆显的建筑做伦理分析呢？我们曾论述对于理想中的建筑与城市的伦理评价标准，在于它是否合规律性和合目的性。因为人类社会建筑的发展规律和营建目的根本指向是向善的，所以合目的性与合规律性必然符合人类的基本道德原则。今天埃菲尔铁塔、悉尼歌剧院等这类建筑已被历史证明是合规律的或是合目的的。在建造之初，它们遭到强烈的反对，是因为它们损害了当时人们的利益或是与当时的价值指向相冲突。从伦理上讲不损害原则应是建筑师遵循的道德底线，这样做显然是不恰当的。但前人栽树，后人乘凉，又是每一个时代都大加赞扬的美德。建筑师的创作如果可以使建筑在未来岁月里创造出潜在的价值，最初付出的经济和社会代价，不应斥之为不道德。美国建筑学会（AIA）曾把给业主造成的浪费归为不道德，但后来又将给业主带来潜在价值的“浪费”定义为符合职业道德。对于这类建筑看似存在着一个类似经济伦理学中常提到的“囚徒困境”的博弈理论，代价和损失是不可避免的，但如何做才能使当代人的利益损失最小而未来人获益最大？然而，建筑的未来价值更多地体现在社会价值和美学价值上，不可能像经济价值那样有一个明确的数字，通常而言建筑师在方案设计中也不会有博弈论那样的理性分析。这就使这样的建筑设计造成的风险大大增加（包括道德的风险），最后可能还是离不开“成者王侯，败者寇”的结局。看来只有历史的评判才是最终的评判。

以上几个案例具有一定的典型性，虽然在实际工作中建筑师遇到这样的事情并不多，但可以说这样的问题存在于每一个建筑设计中，只是量的程度不同而已，所以在设计过程中建筑师随时随地都要做出伦理的评判，同时接受伦理的评判。伦理的评判是一种理性的评判，无论建筑师是否知名，无论建筑的历史地位如何，无论是“好心做了坏事”，还是设计时出于何种动机，道德评判的尺度都不会变化。一切建筑师的行为和作品都会在人们的心中，在当代或未来经受伦理的评判。

案例2.6

赖特设计的流水别墅

流水别墅是由著名的建筑师赖特所设计，位于美国的匹兹堡市，是现代建筑的杰作之一。它打破常规的方盒子，在空间的变化上做到了室内外空间自由延伸，融会贯通；跟自然环境完美结合，丝毫无人工的痕迹，就像是从地里生长出来的。直至现在都堪称是建筑界的杰出作品。流水别墅共分为三层，面积不大，其中以二层的起居室为中心，其余部分以起居室为中心分别左右展开。流水别墅的块面感十分强烈，以几何形为元素组合，建造材料以石材为主，雕塑感极强（见图 2-6）。

图 2-6　流水别墅的溪水由平台下流出

（图片来源：https：//m. zcool. com. cn/work/ZMzE0MTgyMDQ=. html）

流水别墅之所以被设计界堪称经典，是因为其建筑与环境、树木等元素完美搭配，溪水由下面的平台下流出，俨然是在瀑布周遭，让人充分领略到大自然的魅力。流水别墅大块的体积感以及厚重的质感都给人以视觉上的稳定感，其建筑造型与内部空间的设计语言也是非常沉稳和坚定的。这种从容镇静的气氛，力与反力相互集结之气势，在整个建筑内外及其布局与陈设之间，充分体现出建筑的艺术美学，俨然是进入一个奇幻的场地。在空间格局的构造上，别墅设计体现了欲扬先抑的手法，在通往二层的起居室的交通流线上，首先得经过一个狭窄的通道，然后才能经过一个反方向的楼梯之后的石壁，配合赖特对光线的艺术感，使整个建筑内部空间充满了生机。室内光线也是经过精巧的设计，充分结合天窗的自然光，自然照射在昏暗的楼梯部分，在岩石的地板上，隐约可以显现出它们的倒影。从北侧及山崖反射进来的光线和反射在楼梯上的光线显得朦胧柔美。在光线的影响和心理的作用下，起居室空间的整个气氛也随之产生变化，使空间语言丰富起来。流水别墅的建造材料主要以石材为主，粗大的岩石，厚重的质感，石材铺贴的不同方向，体现出了一种既矛盾又和谐的美。极强的雕塑感和简单的几何形给人一种向上的生长感。体块感的外立面造型使空间充满了动感和变化，比如悬挑的阳台，巧妙地衔接了室外的崖隘，将室内外空间自然、和谐地连接在一起，达到了一个完美的过渡。赖特的设计思想在起居室通往下方溪流的楼梯上得到充分的体现。这个被人们熟知的著名楼梯，连接着建筑与周围环境以及室内外空间，总会使人们禁不住地一再流连其间。流水别墅巧妙地将建筑与环境既张扬又和谐地统一起来，也可以说是水平或倾斜穿杆或近几年推移的空间手法，交错融合的稀世之作。总的来说，流水别墅在空间陈设的考究、家具风格的设计以及布置上都是非常巧妙的。

思考题

1. 流水别墅的设计如何体现出建筑与环境相协调的特点？
2. 谈谈这种建筑设计理念对我国建筑设计的启示。

案例分析

流水别墅的设计成为建筑与自然环境和谐共处的另一种抽象表达。在建筑发展、城市化演进的过程中，有限的资源承载力、脆弱的自然环境将建筑设计与环境的平衡问题提上日程。而应对这种困境的重要举措就是将建筑设计与环境二者相结合，实现二者的协调发展。在流水别墅的设计中，建筑设计师将室外空间也纳入建筑本身中来，将建筑与花草树木等元素完美搭配，溪水从下面的平台下流出，室内光线也是经过精巧的设计，充分结合了天窗的自然光，节约了能源。当然，这种建筑模式在我国也有一些成功的案例。中国民居建筑大师陆元鼎教授在评价小画舫斋建筑群时提到，小画舫斋建筑群在结合自然条件，特别是在组织穿堂风方面有独到之处。以入口厅来说，前有敞廊，后有天井，内部采用通透格扇、落地窗等开敞式门窗处理。并且它采用天窗、楼井、屋面活动窗来加强通风和采光，而住宅楼侧全靠小天井来组织自然通风。书斋楼沿河而建，依靠水面可取得较好的降温效果。它不失为南方城镇中结合环境处理较好的一个建筑实例。[①] 由此可见，通过设计师对环境的关注，让建筑与环境之间形成一个良性的系统，这有利于生态系统的稳定，是引领未来建筑发展的新趋势。

案例2.7

奢侈！瑞典一大楼里一半是菜园[②]

瑞典食品技术公司 Plantagon 建造了一栋名为 plantcrapers 的办公大楼（见图 2-7）。这栋建筑高约 60 米，有 17 层，每一层都是一半办公一半种菜。大楼的北面是办公室，南面是玻璃的外表，面向太阳，玻璃背后是一间温室，用来种植各类蔬菜。整座建筑从 2012 年开始建造，在 2020 年开放，预计总花费达 4000 万美元。

由于南面倾斜的设计，温室的产出是传统温室的 10 倍。特别的是，温室里不用土壤来种植蔬菜，而是让蔬菜在富含营养的水基溶液中生长。蔬菜通过吸收自然光和 LED 灯光进行光合作用，LED 灯会根据蔬菜种植所需的特定光频率进行最合理的照射，使蔬菜可以在最佳光源下生长。温

① 陆元鼎，魏彦钧．广东民居［M］．北京：中国建筑工业出版社，1990.

② 奢侈！瑞典一大楼里一半是菜园［EB/OL］．［2019-02-02］．http：//house. people. com. cn/n1/2018/0202/c164220-29801944. html.

图 2-7　plantcrapers 的办公大楼

（图片来源：http：//house. people. com. cn/n1/2018/0202/c164220-29801944. html）

室内还配备专门的机器人直接参与植物的培植，从而节约人力成本。

据 Plantagon 公司预测，这栋大楼每年可以生产约 550 吨蔬菜，足够大约 5500 人从年头吃到年尾。在大楼里上班的员工有福了。大楼里专门配有一个生态餐厅，人们可以享用到现摘的新鲜蔬菜，下班后还可以购买当天采摘的蔬菜带回家。

与同样大小的户外农场相比，这栋建筑在生产更多的蔬菜的同时还更环保。经测算，与传统的工业化种植系统相比，plantcrapers 可以少产生 1000 千克二氧化碳，节省 5000 万升水。另外，楼内蔬菜种植使用的能源，至少有一半将作为办公楼的地热回收和再利用。

此外，plantcrapers 周围还会配备清洁能源工厂，工厂利用生物废料和生物沼气来提供能源，这个过程产生的热量和废料可供温室的植物利用。也就是说，plantcrapers 不是一栋单独的建筑，而是跟其他工厂配合起来，形成一个循环的生态系统。

据悉，Plantagon公司目前正在与全世界各大城市的开发商进行沟通，希望能在更多的城市建造这种大楼。据预测，到2050年全球人口将达到96亿，其中70%将居住在城市，因此城市占用的土地将越来越多，可供耕作的土地也将越来越少，有了这类种植大楼，用更少的土地即可产生更多的食物，解决了吃饭大事！

思考题

1. 设计师的做法是否弥补了玻璃幕墙会产生光污染的缺陷？
2. 怎样才能尽量减少建筑对自然环境和人居环境的消极影响？

案例分析

建筑设计师应考虑建筑本身对环境可持续发展的保护，将环境保护理念融入建筑设计中。在这个案例中，设计师充分考虑到了建筑的特性，把可持续发展理念贯彻在建筑中。这样的设计既能满足建筑立面的设计要求，又能利用玻璃幕墙的优势，实现环保理念。建筑中应尽量使用环保建材，减少玻璃幕墙污染。建筑的通风系统、建筑物耗热量、建筑节能情况等均是设计师需要考虑的对象。让建筑尽可能在设计、建造、使用和废弃过程中无害化，减少建筑对自然环境和人居环境的消极影响。

第四节　设计的安全性与奢侈性问题

安全问题与建筑设计之间有着直接关系，建筑设计应具备的最关键的特性就是安全性，建筑设计的安全性直接涉及人的生命财产安全。目前，人们对建筑设计的安全性问题非常关注，人们普遍关心建筑的坚固性问题，但这个问题一般与建筑工程和建筑管理直接相关，而与建筑设计息息相关的更突出表现在人的健康方面。研究表明，建筑设计与人的身体健康和心理健康息息相关。《健康住宅建设技术要点》一书曾列举了72条与建筑设计相关的条目。包括声、光、热、水、暖、电以及空气的新鲜度和湿度等，属于化学的，属于物理的，研究已有成果的，已有认识的，能够控制到什么程度，这些都已经量化了。2002 年，国家住宅工程中心发布了《健康住宅建设技术要点（修订版）》，技术要点的修订说明强调，从技术发展的角度看，随着科技水平的不断提高，创新机制的逐步完善，完全有能力建立健康住宅技术支撑体系。目前，《健康住宅建设技术要点（修订版）》对居住的健康性、自然的亲和性、人居环境的保护和健康行动的保障四个方面进行了评估。在健康的居住环境中，主要从住区环境、居住空间、空气环境质量、热环境质量、声环境质量、光环境质量和水环境质量七个方面对住宅建设提出要求，并对相关质量的保障提供了具体技术支持。在修订版中还专门推荐了十项有利于健康住宅建设的成套技术，包括住宅装修一次到位、外墙外保温、采暖系统分户计量分室控温、低温地板采暖、户式中央空调、分户墙和楼板隔声、太阳能应用、管道分质供水、中水回用和有机垃圾生化处理等成套技术。

案例2.8

香港淘大花园的设计缺陷[①]

2003 年，由香港中文大学建筑系邹经宇等三位教授通过实验室电脑虚拟模型分析，利用流体力学理论，对引发数百人感染 SARS 的淘大花园环境进行一个月调查研究，于 5 月 4 日公布的研究成果指出，淘大花园 E 座爆发大规模 SARS 传播的原因之一是由于楼与楼之间布置及设计不当，形成“风闸效应”，使得天井内的空气横向流动非常缓慢，从而加剧了病毒的传播。研究报告指出，由于淘大花园 E 座和 F 座之间距离狭窄，加上刮东南偏东风，导致两座楼宇之间产生 3～5 米/秒的快速气流，并急速地掠过 E、F 座之间，形成一堵风墙，造成“风闸效应”，由此无形封拦了 7 号和 8 号室之间仅 1.5 米宽的天井，使得天井内空气的横向流动非常缓慢。这样，排放至天井中的微细水珠如果含有病毒，便会徘徊不散，只能上下

① 陈喆．建筑伦理学概论［M］．北京：中国电力出版社，2007.

流动，增加了进入其他楼层的机会。

淘大花园的伦理问题是，建筑设计如何对待规范伦理学中有关责任规范和安全规范的问题。长期以来，建筑师们习惯于设计中的定性分析，而忽视定量分析和对设计成果的科学检测。在炎热地区的高密度建筑中设计拔风天井，是一直通用的通风方式。很少有建筑师去检验它在具体设计上的实际效果。但任何技术都来不得半点马虎，在设计工作中责任心的松弛和想当然，在特定情况下就有可能出现安全问题。从建筑伦理的基本道德原则出发，科学的态度与理性的精神是保证公众利益不受损害的基础。这也是对当前中国许多仅凭想当然而自命为“生态建筑”和“可持续建筑”行为的一个提醒，任何建筑设计在相关技术上的“伪”，都是有违人类美德伦理的，尽管我们不怀疑建筑师如此做也充满着对善的追求。

思考题

1. 淘大花园在设计中存在着哪些建筑伦理问题？
2. 谈谈淘大花园的设计对现代建筑的启示。

案例分析

淘大花园在天井内空气的横向流动非常缓慢，空气上下流动加剧，病毒便会在局部徘徊不散，只能上下流动，这就加剧了病毒进入上下层房间的可能，最终导致病毒的集中爆发。在设计中，建筑设计师忽视了定量分析和对设计成果的科学检测，未关注楼与楼之间距离和空间布局等方面设计的不当，因而对民众的健康产生威胁。当前，在我国抗击新型冠状病毒的过程中，对指定发热医院的设计建造充分考虑到了与人身健康相关的注意事项。例如，项目的选址，建筑设计中功能分区、流线组织、隔离流程的设计，新建装配式病房的房间尺寸模数化、管线工厂预留；在结构设计中除了对抗震设防等进行要求，还覆盖了风压、雪压、耐久性等因素；对建筑材料的选择，改建应急医疗建筑的实地勘测，给排水系统、热水系统、污水处理系统、暖通及动力系统的设置，负压隔离病房（包括 ICU）的设计等。同时也应该注意，在普通民宅的设计建造过程中，也应当遵守防疫所要求的具体规范，把防疫理念放在建筑设计中。

因此，社会应围绕人类居住环境与人类健康的相关问题，综合地制订相应的对策和解决办法，以实现人类居住与可持续发展的目标。在我国的健康住宅方面，健康住宅专家指出，一直以来，住宅建设强调工程质量、功能质量、环境质量和管理质量，然而这些还只是对住宅产品的基本要求。随着居民生活水平的不断提高，对住宅建设提出了更高更严的要求，比如住宅内部空间的声、光、热环境质量，生活区的水、空气环境质量，生活区的人际关系等社会生态环境质量以及生活居住的生态目标和可持续发展要求等。中国建筑设计研究院副院长、国家住宅工程中心常务副主任张军认为，健康住宅最大的感召力在于它是站在消费者的立场上提出的，是真正为广大老百姓着想的，健康住宅从人均居住的健康性、自然环境的亲和性、居住环境的保护、健康环境的保障等多方面的不同角度来审视住宅对人体健康的影响，重视提高住宅的内在品质。国家住宅工程中心健康住宅专家委员会主张："健康住宅的提出，并不是开发商为了售房而炒作的概念，也不是行业专家闭门造车创造出来的单纯理论，健康住宅是住宅产业发展的必然产物，是国家经济发展、人民生活水平提高之后对住宅建设提出的必然要求。"健康住宅有两个最为突出的特征，第一是跨行业的集成研究，第二是具有切实可行的技术体系，这充分表明了该项目作为住宅技术应用研究的特性。①

案例2.9

天津老例儿之窗户门不能对着窗户门②

过去天津卫有个老例儿，盖新房或者在大院儿里翻盖老房，最忌讳门窗对着邻居的门窗，所谓"窗户门不能对着窗户门"，为了使这个规矩能切实实行，不知道从什么时候开始，就有了"门对门，净死人"的"妈妈例儿"，

---

① 王超．住宅健康有了技术标准［N］．市场报，2002-10-16（9）．

② 天津老例儿之窗户门不能对着窗户门［EB/OL］．［2019-07-03］．http：//tj.sina.com.cn/travel/message/2013-07-03/085936459.html？from=wap.

后来有人加以发挥，发展成“窗户门对窗户门，不打官司就死人”。

这种“妈妈例儿”，看似一种民俗禁忌，甚至有些不可思议。可凡事都有它存在的理由，比如“窗户不能对着窗户门”这句话，其实是在用一种民间要约，反映出一种建筑规程。

过去的大院，有很多都是面对面地盖房，我家南市老宅就是这种形式的民宅建筑。我们设想一下，如果两家门窗相对，恰巧一家男孩多，另一家女孩多，是不是很不方便？居家过日子，谁家都有点隐私，至少有些不愿别人看见的生活细节，或者暧昧的行为。比如，夏日炎炎，家人在居室内难免袒露上体，或者洗洗涮涮，不可能随时紧闭门窗。再比如，一对年轻夫妻，难免有些亲昵的行为。这些都应该在个人隐私权的范畴内。

过去盖房本身间距就小，像我原来住的还不是大杂院，两排房相对也是两米多宽的院子，邻里之间真是“抬头不见低头见”，但是幸好盖房子的时候，遵循了“窗户门不对着窗户门”的原则，一个院子七八户人家，出来进去的还都算方便。

可有些大杂院就很难做到“窗户门不对着窗户门”了。本来院子就住了很多人家，各家又各自搭建了私有小屋，就难免产生门窗相对的情况。于是有一天，张家二哥叉着腰，瞪着眼，站在院里骂闲街：“好么，二郎神你还三只眼。大雪花你还飘（瞟）起来看。”“有闲工夫看你自个儿娘们去，往别人屋里瞅嘛！”对面李家大嫂子也不含糊，撩起帘子就迎战：“也不尿泡尿照照！”好家伙，紧接着张家老婆冲出来应战……一个满不含糊，一个满不在乎，这边说“有捡金子捡银子的，还真没见过捡骂的”，那边说“老娘吃过见过，跟我开骂，我骂化了你！”于是乎，从“缺大德”到“挨千刀”，从“后娘养的”到“不是人揍的”，乃至升华到“我啐你一脸韭菜花”，“我啐你一脸酱豆腐”，我的妈呀，这都唱的是哪一出？谁跟谁、哪对哪啊？

末了两家男人大打出手，归了派出所，还真应了那句“不打官司就死人”的老话儿。

其实，这都是门窗相对惹的祸。如果当初盖房的时候，遵守了咱天津的老“妈妈例儿”，把门窗相互错开，或许就不会发生这种纠纷了。可见这条看来有些不可思议的“妈妈例儿”，还真道出了某些生活的真理。

思考题

1. 建筑设计是如何对人的心理健康产生影响的？
2. 建筑设计师应遵守哪些伦理原则？

案例分析

心理健康作为个人健康和社区有效运作的基础，对于建设一个充满活力和幸福感的城市至关重要，而建筑设计对人的心理健康也会产生影响。有研究表明，建筑设计本身存在的问题会在一定程度上对居民的心理健康产生影响，“独自居住、住房室内物理环境差、住房设施缺乏、居住拥挤会对居民心理健康产生负面影响”①。建筑色彩、光环境和声环境、空气质量等都能成为一种影响人们心理健康的因素。比如说人人都有私密性的要求，如果家中客厅特别是主卧室和另外一家的窗户面对面，这种对视现象的存在，住在那里肯定不舒服。也许把窗帘拉上，里面开着灯还有个影子照过去。因此在规划设计上得严格审查，有对视现象就存在问题，因为它不符合人们对私密性的要求。② 公共心理健康的范围正在扩大，且超出了精神病医生和心理学家的服务范围，而心理健康建筑师作为一种新兴职业，对创造心理保健空间可以起到很大帮助。有些国家已经建立了城市设计和心理健康中心，试图从建筑设计和建筑规划的角度出发去保障居民的心理健康获得良性发展。因此，在建筑设计中，设计师要以善为出发点和落脚点，坚持安全原则和人本原则，注重个体与环境的互动，利用合理的建筑设计布局保障人们的身心健康获得良性发展。

随着物质财富的增加，建筑设计所带来的奢侈浪费也是需要重点关注的问题。古人云：“俭，德之共也；侈，恶之大也。”尚俭是中华民族的传统美德，一直以来也贯穿在建筑设计领域。自古以来，尚俭的美德就很好

① 李诗琪．居住环境对人心理健康的影响研究——基于临床数据的实证分析［D］．武汉：华中科技大学，2019.

② 中央电视台《百家讲坛》栏目组．建筑不是房子［M］．北京：中国人民大学出版社，2006.

地体现在各类建筑中。尧帝坚持“茅茨不翦，采椽不斫”（《韩非子·五蠹》），即房屋屋顶要用不整齐的茅草覆盖，避免了建造大型宫殿所产生的劳民伤财的问题。北魏孝文帝也把自己的宫苑命名为“茅茨堂”，以警示后世君主不能昏淫奢侈。“衣服有制，宫室有度”（《礼记·王制》）也成为后来历任皇帝的建筑标准。梁思成在《致朱总司令信——关于中南海新建宿舍问题》中提到了朱德对建筑应该节俭、朴实、不浪费问题的看法，把建筑节俭观提高到了原则问题的层面。他说：“最近在中南海内所拟建且即将动工的宿舍楼房，却有一些原则上的问题，现在必须考虑到的。听范离同志说，宿舍楼房的设计，在平面的分配上，几经修改，才决定了现在的图样，您都亲自指示要最简朴，切合实用，严格防避浪费，强调规格化的结构，外表朴实，切合实用，门窗格式划一，以节省造工，时间及金钱。现在本此原则，全部三座楼房的平面图已经决定，图样亦蒙采用。”①

案例2.10

成都新行政中心处置悬疑②

“5·12”汶川大地震后，成都新行政中心成为舆论焦点。从立项建设到处置变现，对缺乏监督的追问声犹未了，它又面临如何在惨淡景况下寻找买家的市场难题。

在11月成都低迷的楼市行情下，民生银行以3.6亿元买下新行政中心面积约3.6万平方米的一栋楼，约1万元/平方米的成交价格可谓不菲。五个月前，成都市政府高调宣布：将对耗资巨大、投入使用仅三个月的新行政中心办公楼进行处置变现，以换取灾后重建资金。一时舆论众说纷纭。进入2008年11月，求售已久的成都新行政中心办公楼终于迎来第一单。中国民生银行股份有限公司（上海证券交易所代码：600016，下称民生银行）董事会正式通过决议，将以3.6071亿元的价格，购买成都市新

---

① 梁思成．梁思成文集（四）［M］．北京：中国建筑工业出版社，1986.

② 李微敖．成都新行政中心处置悬疑［J］．财经，2008（227）：54-56.

行政中心的6号楼，作为其成都分行新的营业办公大楼。同期亦有传闻称，国家开发银行、中信银行、招商银行以及成都银行，都将成为新行政中心其他楼群的买主。但上述银行高管层均对《财经》记者否认了在成都新行政中心购买办公楼的可能性。

1）新行政中心“前世”

成都市新的行政办公中心（下称新行政中心）又名“新益州城市广场”，是该市新的标志性建筑，位于该市南郊的天府大道966号，离目前市政府所在地天府广场往南约7.8公里。

新行政中心占地255亩左右，建筑面积约37万平方米，共有六栋形似北京奥运会主体育场——“鸟巢”状的办公楼呈莲花瓣状放射排列，中间则是一栋类似国家大剧院“巨蛋”的椭圆形办公楼。整体建筑气势磅礴、蔚为壮观。其设计者正是“巨蛋”的设计师保罗·安德鲁。

据建设单位成都市兴南投资有限公司（下称兴南公司，后并入成都市兴城投资有限公司）此前发出的招标公告显示，新行政中心投资额约为12亿元。若加上土地价值，保守估计总价则在25亿元以上。

《财经》记者了解到，成都市修建新行政中心的计划，是其“城市向东、向南发展”既定战略的一部分，由来已久。早在1999年6月22日，国务院在关于“成都市城市总体规划”的批复中提及，要优化成都中心城区的产业结构和用地布局，“采取有效措施，控制中心城北部和西部的开发，引导城市向东部、南部发展”。这一总体规划的第九节同时提到：“市政府第一办公区和第二办公区宜迁往城市新区”，但“省、市委机关办公区均在原址改造”。2003年，为配合“向东、向南发展”计划的实施，成都市组建了成都市兴南投资有限公司和成都市兴东投资有限公司，作为其城市新区基础设施建设项目的投融资主体。同年，兴南公司发出新行政中心建设的招标公告。该建设项目于2004年正式启动，2007年年底建成。

但有成都市规划系统人士向《财经》记者透露，成都市新行政中心在交付使用前的所有招标建设，包括向本级的成都市发展计划委员会立项报批中，一直是冠以“成都市南部副中心科技创业中心”的名义，其周边的地块，也统称为“科创中心地块”。

该人士解释说，之所以要披着“科创中心”这件“马甲”，是考虑到，若直接以政府行政中心的名义立项可能带来非议和不便，“毕竟它的规模和投资非常庞大”。负责这一工程建设管理的四川西南工程项目管理咨询公司的办公室也向《财经》记者确认，成都市南部副中心科技创业中心就是现在的新行政中心。曾在2003年至2007年担任第十四届成都市人大代表职务的作家冉云飞则对《财经》记者抱怨，无论是“科创中心”的事项，还是新行政中心的事项，成都市政府从未向市人大代表通报过，“更遑论什么审议和表决。十几亿元的工程，我们人大代表完全不知情”。

不过，城市政治中心南迁的“号召”，加上规划中的地铁建设，也有力带动了原属偏远地带的城南房地产。自2004年以来，成都城南楼市呈现井喷发展的态势，“地王”屡屡在此出现。

有案可查的是：2004年，和记黄埔（香港证券交易所代码：00013）拿下成都城南1036亩土地，其时每亩价格仅206万元，已称当时的“南地王”。至2006年4月，协慧国际有限公司以640万元/亩的价格拍走城南的“123地块”，土地价格已经涨了3倍；同年9月29日，华润置地（香港证券交易所代码：01109）以445万元/亩取得南部新区60亩用地，中海兴业也以420万元/亩取得110亩土地；至2007年7月，合景泰富（香港证券交易所代码：01813）在南部新区仁和片区，拿下的28号地块，成交价已达到了每亩1265万元。

自2006年起，在新行政中心左近，名为“南苑”“东苑”的公务员小区也在抓紧施工建设。其中的“南苑”将提供给成都市局级以上干部，被称为“局长楼”；“东苑”将提供给副处级以下干部居住，被称为“处长楼”。

一位2006年通过摇号方式获得“处长楼”购买权的人士告诉《财经》记者，他购买了一套“东苑处长楼”住房，面积140多平方米，价格是3600元/平方米——这一价格只相当于周边商品房价最高点时的一半，即使是目前楼市低迷，也要比市场价低不少。

2）突如其来的处置决定

从2008年3月开始，成都市级政府部门开始陆续搬入新行政中心，并计划将绝大部分政府部门及市委、市人大、市政协全部搬入其中。至5月12日汶川大地震前，已有60多个市级机关入驻其中。不过，整个搬家过程相当低调，未举行公开仪式及对外通报。

孰料入驻未及三个月，7月15日，成都市第十一届市委会第五次全体会议上，成都市委书记李春城（2015年因受贿罪、滥用职权罪被依法判处有期徒刑（3年））宣布，要对刚刚启用的新行政中心进行“拍卖”。

7月16日上午，成都市召开处级以上干部大会，宣布该项决定。几个小时后，成都市又举行新闻发布会，由市委宣传部部长何华章（2014年因违纪违法被处理）向传媒通报相关情况。

何华章称，成都市委、市政府经慎重研究，决定已南迁市级机关妥善安置，未迁单位暂停南迁，已建成的新行政中心按南部新区产业发展定位妥善处置变现，处置变现所得收入全部用于受灾群众安置和灾后重建；同时，“继续保持南部新区新行政中心的地位不变，逐步创造条件择时安排机关整体南迁”。

对于具体处置变现的方式、时限，以及以后会不会修建其他新的行政办公楼，当时的新闻发布会及回答记者问环节，对此均语焉不详。

《财经》记者事后获悉，成都市确定由常务副市长牵头负责新行政中心处置变现事宜。对于具体的处置方式，市委书记的秘书、成都市委办公厅干部唐某只向《财经》记者表示：“不是拍卖。”

突如其来的处置决定，很可能并不尽是出于灾后重建的筹资考虑。据《财经》记者调查，成都市此举还包含其“迁移政府驻地未经国务院审批”的难言之隐，而新行政中心本身则因建筑过于“豪华”“宏大”，饱受民间物议和来自上级的批评。

思考题

1. 成都“新行政中心”的设计是否与我国传统的“宫室有度”相悖？
2. 建筑设计师应怎样贯彻建筑的节俭观？

案例分析

据了解，成都“新行政中心”占地约 255 亩，总投资约 12 亿元，建筑面积约 37 万平方米。结果建成第二年，碰上了汶川地震，立即陷入财政危机。建筑群的 1/7 以 3.6 亿元的价格拍卖给了民生银行，用于赈灾。1/7 就卖了 3.6 亿元，那剩下的 6/7 还会花多少钱呢？我国传统建筑中，尚俭对于治国安邦有重要影响，西汉陆贾在《新语》中指出：“高台百仞，金城文画，所以疲百姓之力者也。故圣人卑宫室而高道德，恶衣服而勤仁义，不损其行，以好其容，不亏其德，以饰其身，国不兴不事之功，家不藏不用之器，所以稀力役而省贡献也。”他认为，搞奢侈的建筑、大兴土木是劳民伤财之事，对于国家兴旺和百姓信服起到消极影响。成都“新行政中心”的设计为满足某些领导干部的私欲，利用大量的资金和人力物力来兴建豪华建筑，这势必会引起百姓的怨怒。只有政府崇尚节俭，才能做到身体力行地践行崇俭抑奢的治国之道。

另外，建筑师还应通过提高自身的技术水平和道德素质来贯彻建筑的节俭观。虽然“建筑短命”问题大多与建筑工程质量直接相关，但是由建筑设计缺陷导致的“建筑短命”问题在一定程度上依然存在。“建筑短命”直接造成物质资源的浪费。如果拿人来作比，中国的城镇化阶段如同十七八岁的青春期，那么短命建筑问题则是这一阶段必须重视的成长烦恼之一。按照我国《民用建筑设计统一标准》，重要建筑和高层建筑主体结构的耐久年限为 100 年，一般建筑为 50～100 年。中国建筑科学研究院于 2014 年发布的《建筑拆除管理政策研究》报告指出，“十一五”期间，中国共有 46 亿平方米建筑被拆除，其中 20 亿平方米建筑在拆除时寿命小于 40 年。以此推算，“十二五”期间，每年过早拆除建筑面积将达到 4.6 亿平方米。有媒体粗略估计，如果按照每平方米拆除费用 1000 元计算，则每年建筑过早拆除要花费 4600 亿元。据《建筑拆除管理政策研究》报告统计，大拆大建下，中国每年过早拆除将增加建筑垃圾约 4 亿吨，约占我国年产垃圾总量的40%，同时使我国每年增加约10%的碳排放量。[①] 因此，建筑设计师应在技术层面提高建筑寿命，减少“短命建筑”所造成的资源浪费。

第五节 设计的标新立异与整体协调问题

建筑设计需要针对建筑工程进行预期，其内容包含建筑工程过程中的技术、结构、功能、质量、美观、舒适性等。建筑设计不仅要考虑建筑自身的质量问题，还要考虑整个建筑项目和周围环境是否融洽，比如建筑风格是否能与周围环境相匹配，该建筑的设计是否破坏生态环境等。[②] 在这里，建筑风格是我们亟须关注的问题。一个建筑如果无法与周围的整体环境相匹配，那么就一定是一个失败的建筑。设计的标新立异与整体协调这个问题实则涉及具体建筑设计与整体城市规划设计之间的联系。建筑设计实质上就是要在城市规划设计的基础上来考虑城市赋予建筑的条件以及该建筑的建设可以为城市带来怎样的经济效益，以求更好地利用空间，建造出让人赏心悦目的建筑物，充分体现高质量建筑物所具有的美化功能与经济效益。“作为人造环境，建筑建造开始就意味着与其周边的环境发生关联，从而导致一系列相互持续的作用，进而形成自然环境系统与建成环境系统之间动态的不断交换。”[③] 因此，建筑师还应注重建筑设计与环境的平衡。中国人向来崇尚“天人合一”，建筑要与周围环境融为一体，和谐才有美感。让建筑融入环境，让环境成就建筑，建筑设计应与环境相得益彰。

---

① 张茜．建筑短命的背后是利益驱动［N］．中国青年报，2016-01-07.

② 张兆磊．城市规划设计与建筑设计的特性和联系探析［J］．佳木斯职业学院学报，2020（2）：295.

③ 王国光．基于环境整体观的现代建筑创作思想研究［D］．广州：华南理工大学，2013.

案例2.11

那些奇奇怪怪的建筑[①]

一方面，建筑需要新意；但另一方面，在城市中大多数的建筑，都是一些普普通通的建筑，满足了基本的功能性，就像麦当劳餐厅，千篇一律，大家也不会觉得这有什么不妥。

在2014年的文艺工作座谈会上，习近平总书记喊话："不要搞奇奇怪怪的建筑。"

习总书记都关注到了，可见中国热火朝天的工地上，奇葩建筑之多，已经到了让高层为之忧虑的程度，是否还能放任自流？

不仅是北京"大裤衩"，以"福禄寿"三星形象建造的天子大酒店（见图2-8）、苏州的"秋裤"东方之门、沈阳"钻到钱眼里"的方圆大厦都已臭名远扬，怎么就那么弱智呢？房子造之前，都要画效果图，什么效果一目了然，怎么到造好了大众为之哗然之后，自己才发现落了一笑柄呢？

图 2-8　河北省三河市天子大酒店

（图片来源：http：//pic. travel. sohu. com/detail-487718-14. shtml）

① 何映宇．那些奇奇怪怪的建筑［J］．新民周刊，2016-01-17.

你看这些奇葩建筑的建筑师，想象力就那么点，不是大茶壶、大酒瓶、大乒乓球，就是福禄寿三星，把一个具体的物体做大变成建筑，建筑之所以是建筑而不是乒乓球，是因为建筑有其独特的建筑学特性，现在什么都来个放大版，搞得像迪士尼，以后巨型鸡啊、巨型鸭啊满大街，那还像话吗？

“恨铁不成钢”，中国建筑什么时候也能提供点正能量？

那些奇奇怪怪的建筑是怎么诞生的？到底是设计师愚昧，还是他们屈服于长官意志，放弃一个设计师的良知和职业精神，阿谀奉承，从而不得不设计出一些莫名其妙令人哭笑不得的作品呢？比如设计沈阳方圆大厦的设计师是来自台湾地区的李祖原，大名鼎鼎的中台禅寺和台北 101 大楼都出自他手，怎么一到大陆，就水土不服，和福禄寿三星一个腔调呢？

所以，不要只骂设计央视大楼的库哈斯，库哈斯能成为建筑大师，可不是靠的裙带关系、夸夸其谈。比如说他 1992 年在巴黎设计的图苏大学图书馆，没有外墙，四通八达，这样一个三度空间，真是先锋到没边了。当然，这也有问题，比如冬天怎么办？但是整体上，这个设计是对未来建筑可能性的一种有益探索。他还写过一本奇书《谵妄的纽约：逝去的曼哈顿主义》，库哈斯所揭示的事实真相往往既讽刺又深刻，映射出一种城市自我创造、自我更新、自我完善的内在力量，他绝不是一个没有思想的设计师。

在中国奇葩建筑中，有一个大项就是政府大楼。

2013 年建筑畅言网评出“中国十大丑陋建筑”，其中有二丑，一个是河南夏邑曹集乡政府办公楼，另一个是成都新行政中心。河南夏邑曹集乡是个什么地儿？虽然不是全国贫困县，但也是收不抵支，当地教师的工资都不能到位，老师们住的条件也相当简陋。结果，乡政府，芝麻绿豆一级的“官府”，造了个办公楼，占地近 10 亩，有草坪、花坛、喷水池、拱桥，雕梁画栋、气派非凡。难怪有网友惊呼：“妈呀，我还以为是克里姆林宫呢！”这眼神有点跑偏，虽然还是中国传统建筑，可是，小小一个乡政府，整得像紫禁城似的。调查结果显示，曹集乡在修建办公楼过程中，存在土地批少占多，为筹集资金违反有关政策收取职工上岗费等问题，2004 年，乡党委书记程文益被免去职务，并给予党内严重警告处分，乡长刘建民被撤销党内外职务，结果，人走，还留下这栋建筑，可惜，不是万古流芳，而是千夫所指。

所以说人在做，天在看，还要未雨绸缪，不要老想着面子有光，却把老百姓的纳税钱用来树自己的政绩，如此奢华，如此炫富，当地的人民生活水平却不见提高，怎不引起大众的反感？

著名建筑师马清运对记者说："我觉得麦当劳很好。因为这是人所需要的，不能因为我们认为什么好，就告诉人家什么什么不好。麦当劳解决了中国多少就业问题？为多少农民找到了饭碗？不应该以我们不喜欢他们的建筑来反对麦当劳。比建筑重要的事太多了。"这就需要城市规划师来做通盘的考量，哪些地块需要地标性的价值，哪些地块是满足普通居民的基本生活所需，不同功能的建筑，不同的设计标准，什么乡政府办公楼之流的建筑都要造得像白宫，那就是资源浪费。而现在的情况恰恰是，一个字：乱！

老百姓急需的，满足基本生存的项目不见上马；各种奇形怪状博眼球的建筑却在破土动工，岂不是滑天下之大稽？

不过，什么是"奇怪建筑"也是仁者见仁智者见智，是否有一个可以量化的科学标准？住房和城乡建设部拟为"奇怪建筑"设判定准则，一旦判定或不予批准建造。用料超多、结构太复杂不行！与当地气候不契合不行！与文化格格不入不行！设计不考虑功能不行！

想法是好的，可是一旦具体实行起来，就有太多不可控的因素，如何更透明地操作，让大众有更多的发言权，是中国现在的城市规划亟待解决的问题。

案例2.12

清华教授谈央视"大裤衩"　中国建筑设计问题堪忧①

2015年初，清华大学建筑学院教授王丽方在接受记者专访时提出了我

① 清华教授谈央视大裤衩　中国建筑设计问题堪忧［EB/OL］.（2015-01-29）. https://www.sohu.com/a/757260_114735.

国建筑的一系列怪象，引发了大家的思考，王丽芳教授表示，追求资本和追求政绩是奇怪建筑的根源，还指责央视“大裤衩”两条斜腿托悬挑不利消防。

近年来中国的一些建筑的奇葩外形受到民众大量的吐槽，其中央视大楼是备受吐槽的焦点建筑，也被起上了“大裤衩”的名号。如今，王丽芳教授从央视“大裤衩”看到了中国建筑行业的一些被人诟病的怪象，她表示，中国的一些建筑外形怪异是有很多原因的，奇葩建筑越来越多，就是因为这些不良的因素。

王丽芳分析说，中国有的官员要求建筑的外形追求设计独特，追随一种浮华的风格，但是这种风格到底是什么他们自己也说不清楚，设计师只能自我理解，为了能做出官员满意的设计，就只能标新立异，所以各种奇奇怪怪的建筑就出来了。

这几年国内的建筑风格追求有所转变，从原来的追求“大面积”到现在的追求“奇怪外形”，这也导致了国内一些标志性建筑外形“变异”。除了这些之外，各地方在建筑上的攀比心理也越来越重，尤其是一些大城市的标志性建筑，投资商也是见风使舵，把建筑当作财富的象征，所以大家都追求独特的建筑，设计师为了满足他们的观点，也就随便设计设计，毕竟这对设计师并没有什么特别大的影响，只要设计得不太丑就行，这样既可以满足设计要求还可以挣更多的钱，设计师何乐而不为？

长此以往，中国的建筑越来越失去了中国的特色，反而变得不伦不类。就央视“大裤衩”来说，不仅仅外形怪异，而且还存在很多隐患。央视“大裤衩”有两条斜腿，不协调不说，外观和内部设计也存在着很大的冲突，为了满足这个外形，在修建时不得不浪费很多资源和材料，也给内部建造加大了难度，而且央视“大裤衩”还存在很大的安全隐患。

在清华教授王丽芳看来，像央视“大裤衩”这样外观奇葩、内部隐患大的建筑在中国还有很多，中国的建筑设计目前已经存在很大的问题，最大的毛病是建筑设计理念和风格不端正，已经被浮躁的社会改变，这种设计不应该被流行，中国建筑需要转变设计风格，切莫再追求奇形怪状。

思考题

1. 与整体不协调的建筑具有哪些特点?

2. 建筑设计师应怎样处理标新立异与整体协调的问题?

案例分析

在案例中，列举了很多建筑的标新立异问题，与整体不协调的建筑往往在伦理上缺乏尊重周围建筑风格的精神，不能与周围建筑积极“合作”，在文化上出现空间文脉的断裂，以自我为中心，缺乏公平正义精神，导致自身与城市空间的关系被破坏。英国建筑评论家特里斯坦·爱德华兹认为：“建筑物应该左右相邻，彼此呼应，没有粗俗的自以为是或自我突出。”单个建筑与城市整体风貌本应是一体的关系，“突兀”存在着的建筑会在很大程度上破坏整个城市的美感和特质。建筑设计师应具备一定的文化素养，合理控制单个建筑与整体空间之间的协调，这样才能保证建筑可以带给人足够的安全感和幸福感。正如莱昂·克里尔所说：“你的设计概念作为一个既是建筑的、又是城市的设计原则而有效的时候，你和你所钟爱的人通过使用你设计出来的房子，能在任何时候找到快乐，从外面来观赏，在里面居住，在里面工作，在里面度假，在里面愉快地变老。”①

---

① 莱昂·克里尔. 社会建筑［M］. 胡凯，胡明，译. 北京：中国建筑工业出版社，2011.

第三章

建筑工程职业道德案例

建筑工程师要时刻保持谨慎认真的态度，用更高的专业精神和道德追求保障工程的顺利开展，对用户及公众利益负责，对社会负责。严格要求自己，必须把公众的安全、健康和福祉放在首位，坚持以诚信为本，处理好经济效益与社会效益、短期效益与长期效益之间的关系，建立建筑使用监控回访制度，明确建筑工程师的义务与责任，保障公众利益。

第一节　工程伦理与建筑工程职业道德

对“工程伦理”的理解必须从“工程”二字入手。什么是工程？工程是人类文明中特有的一种存在，从工具哲学的角度来理解，工程是一种科学的应用工具。具体来说是造福于人类进步的专门技术或满足人类需求的工具[①]。从实践哲学的角度来理解，工程是一种设计和制造的过程[②]。强调工程是一种事件性质的活动。从微观的角度来理解，工程是一种重要的职业、技术或专业。约翰·D. 肯珀（John D. Kemper）和比利·R. 桑德斯（Billy R. Sanders）认为“工程是这样一种职业，通过学习、经历和实践获

① 秦红岭．建筑伦理学［M］．北京：中国建筑工业出版社，2018.

② 张铃．西方工程哲学思想的历史考察与分析［M］．沈阳：东北大学出版社，2008.

得数学和自然科学的知识，并将其应用于判断，以研发经济地利用材料和自然力量的新方法，造福人类。”从他们对“工程”的定义来看，“应用于判断”实质上是就工程师而言，强调工程师应具备一定的伦理道德素质，在提供服务时必须本着诚实、公正、人道等道德原则，遵守职业道德规范，才能形成足以造福人类的正确判断。不难看出，“工程”与“伦理”二者以工程师为纽带建立了一种天然的道德关系。《简明不列颠百科全书》对“工程”的定义是“应用科学知识使自然资源最佳地为人类服务的一种专业技术”。美国麻省理工学院从学科专业的角度把“工程”界定为“关于科学知识和技术的开发应用，以便在物质、经济、人力、政治、法律和文化的限制内满足社会需要的有创造力的专业”。因此，工程的设计和制造需要经过学习、经历和实践，并与人类福祉息息相关。在这个意义上，有学者认为工程伦理学就是工程师伦理学。余谋昌认为，工程伦理学是关于工程技术人员在工程技术活动中伦理道德问题的研究[①]，从职业道德准则出发，工程伦理学关注的是工程师的责任与义务。本章也正是以此为出发点，探讨工程师的职业道德问题。

从工程的对象上来看，中国科学院的李伯聪教授把工程所指的对象划分为四大类：一是泛指大型的物质生产活动，如土木工程、冶金工程、采矿工程等；二是指那些新开工建设或新组织投产的建设项目，因为当这些新建工程项目建设完成并投入生产后，人们往往就不再把投产后的项目的日常生产活动称为“工程活动”，仅仅称其为“生产活动”了；三是用于指称某些大型的科研、军事、医学、环保等方面的活动或项目，如美国20世纪40年代实施的“曼哈顿工程”、我国的“载人航天工程”等；四是用于指称某些具体而目标明确的大型社会活动，如“希望工程”“扶贫工程”“211工程”等。建筑工程则是工程的一个重要分支领域，本书着重探讨的是新开工建设或新组织投产的、与人的生活密切相关的建筑工程或土木工程。从建筑工程的环节上来看，工程伦理还包括其他工程共同体应承担的伦理责任，涉及工程决策、工程设计、工程运行等过程中的伦理问题。秦红岭在《建筑伦理学》中对“建筑工程”做了界定，认为从广义上来讲，

---

① 余谋昌．高科技挑战道德［M］．天津：天津科学技术出版社，2000.

建筑工程指的是整个建筑业的工程活动，包括桥梁和水利枢纽等。建筑工程职业道德是与建筑工程决策和设计中的风险与防范问题、建筑工程实施过程中的诚信与公平问题、建筑工程中的环境伦理问题息息相关的道德原则与规范。在本章中，我们关注的是与新开工建设或新组织投产有关的建筑工程伦理，主要讨论工程施工建设过程中建筑工程师（尤其是土木工程师）应遵循的职业道德规范。

朱葆伟在《工程活动的伦理问题》一文中指出，工程师的职业伦理的基本要求是诚信、正直、公正和保证工程的质量与安全；也有学者认为，工程师的主要职业道德规范是责任、公平、安全、风险等原则。一般来说，在具体的建筑施工过程中，建筑工程师应做到以下几点。

（1）在建筑项目正式施工前，保证进行严格的地质勘查，七通一平等基础设施完善，对建筑的前期设计进行图纸会审。协同施工单位编排合理的施工总进度计划，审查施工方案。为合理有序施工做好前期准备工作。

（2）在建筑施工过程中，严格监督土建工程项目施工质量，参加土建工程检查验收，隐蔽验收及土建工程材料、设备进场检查验收，严格控制施工成本和现场施工进度，对土建工程负完全责任。

（3）竣工验收时，确保建筑基础和主体的稳固性和耐用性，积极处理保修组织管理等相关工作，对土建工程的后期维护和建筑的社会效益负责。

除此之外，建筑工程师还需保证建设单位、监理、土建工程施工单位之间的信息交流畅通有效，处理好施工现场的日常管理及涉外关系等一系列繁杂的大小事务。可见，建筑工程师在施工过程中的伦理责任尤为重大。在整个建筑项目施工过程中，安全第一、诚实守信是现代建筑业从业人员在工程建设过程中应当遵守的基本职业道德规范。另外，还要通过设置建筑使用监控（回访）制度来保障施工项目在竣工验收后的质量安全。建筑施工的好坏直接影响建筑产品的质量，提高建筑工程师的职业道德素质，可以有效保证工程活动的行为规则与行为程序的实现，增加工程项目的使用效益和社会效益，为人们提供一个良好的生产和生活条件。

第二节　安全第一

建筑物是人们每日的栖身之所，建筑物的质量关乎每个人的生命财产安全，一旦工程产品存在安全隐患，人的生存便受到直接的威胁。安全是建筑工程伦理的底线原则，安全第一是每一位工程师都应当遵守的基本道德要求，“安全规范要求工程师尊重、维护或者至少不伤害公众的健康和生命，在进行工程项目论证、设计、施工、管理和维护中关心人本身，充分考虑产品的安全可靠、对公众无害，保证工程造福于人类”①。而施工过程则是整个建筑工程中非常重要的环节，作为工程直接参与者的建筑工程师更要坚守自身的建筑职业道德规范，关注工程施工安全问题实质上就是对生命的尊重。建筑工程师必须将安全摆在第一位，美国土木工程师协会（The American Society of Civil Engineers，ASCE）提出，“工程师应该把公众的安全、健康和福利放在首要位置”②。《中华人民共和国建筑法》中明确规定，“建筑活动应当确保建筑工程质量和安全，符合国家的建筑工程安全标准”。安全第一是对建筑工程师的基本道德要求，它要求建筑工程师具有一种以专业知识为基础的道德敏感性，能够对工程实施过程中存在的问题（包括潜在问题和有可能出现的影响）保持清醒的认识。“安全第一”在传统意义上是指建筑物能够保持坚固、稳固、耐用，这就需要建筑工程师在设计和施工过程中关注建筑设计的合理性、建筑材料的优质性以及建筑活动的规范性等多个方面的问题。每一位建筑工程师都应该认识到，一旦忽视了安全第一的原则，就是对人生命的不负责任，就构成了一种道德上的犯罪，因此，建筑工程师应该时刻保持谨慎认真的态度，用更高的专业精神和道德追求保障工程的顺利开展，对用户及公众利益负责，对社会负责。

---

① 秦红岭．建筑的伦理意蕴——建筑伦理学引论［M］．北京：中国建筑工业出版社，2006.

② 维西林，冈恩．工程、伦理与环境［M］．吴晓东，翁端，译．北京：清华大学出版社，2003.

根据建筑工程师职业道德规范的要求，所有的工程团队都要把安全置于优先考虑的位置上，这要求工程师必须把公众的安全、健康和福祉放在首位。如果产品、结构、生产过程或材料不安全，那么它就会使人类和环境处于风险之中。綦江彩虹桥事故就是包括工程师在内的所有职业工程团队从上到下腐化堕落，视人民生命为草芥的恶劣事件。

案例3.1

綦江彩虹桥事故始末[①]

1999年1月4日18时50分，位于綦江县城古南镇綦河上的彩虹桥在投入使用仅三年后发生整体垮塌，造成40人死亡，14人受伤，直接经济损失高达631万元。

该桥为中承式钢管混凝土提篮拱桥，桥长140米，主拱净跨120米，桥面总宽6米，净宽5.5米。该桥在未向有关部门申请立项的情况下，于1994年11月5日开工，1996年2月竣工，施工中将原设计沉井基础改为扩大基础，基础均嵌入基石中。主拱钢管由重庆通用机械厂劳动服务部加工成8米长的标准节段，全拱钢管在标准节段没有任何质量保证资料且未经验收的情况下焊接拼装合拢。钢管拱成型后管内分段用混凝土填注。桥面由吊杆、横梁及门架支承，吊杆锚固采用群锚体系，锚具型号为YCMl5-3。1996年3月15日该桥未经法定机构验收核定即投入使用，建设耗资418万元。

专家组对这场工程事故进行了鉴定，得到的结论为：“第一，吊杆锁锚方法错误，不能保证钢绞线有效锁定及均匀受力，钢绞线部分或全部滑出使吊杆锚固失效是导致桥面板垮塌的直接原因。第二，加工主拱钢管工厂对接焊缝普遍存在裂纹、未焊透、未熔合、气孔、夹渣及陈旧性裂纹等严重缺陷，质量达不到施工及验收规范的二级焊缝检验标准要求，故钢管工厂对接焊缝质量低劣是导致主拱垮塌的直接原因。第三，主拱钢管内混

---

① 40人死亡！重庆綦江彩虹桥垮塌事件始末［EB/OL］．（2018-08-26）．［2020-05-22］．https：//www.sohu.com/a/250143843_472913.

凝土强度达不到设计要求，局部有漏灌现象，拱肋板处甚至出现一米多长的空洞。吊杆灌浆防护也存在严重问题。第四，设计粗糙，更改随意，构造也有不当之处。对主拱钢结构的焊接质量、接头位置及锁锚质量均无明确要求。在成桥增设花台等附加荷载后，主拱承载力不能满足相应的规范要求”。

建设过程严重违反基本建设程序：未办理立项及计划审批手续，未办理规划、国土手续，未进行设计审查，未进行施工招投标，未办理建筑施工许可手续，未进行工程竣工验收。另外，工程设计、施工主体资格不合格；建设业主与县建设行政主管部门职责混淆，责任不落实，工程发包混乱，管理严重失职；工程总承包关系混乱，总承包单位在履行职责上严重失职；施工管理混乱，设计变更随意，手续不全，技术管理薄弱，责任不落实，关键工序及重要部位的施工质量无人把关；材料及构配件进场管理失控，不按规定进行试验检测，外协加工单位加工的主拱钢管未经焊接质量检测合格就交付施工方使用；质监部门未严格审查项目建设条件就受理质监委托，且未认真履行职责，对项目未经验收就交付使用的错误做法未有效制止；工程档案资料管理混乱，无专人管理；未经验收，强行使用……

在彩虹桥桥面与钢管拱之间吊杆锚固施工过程中，工程师李某某及夏某某不按规定的技术要求施工，未能确保锚具夹片与钢绞线的有效锁定及吊杆中的三根钢绞线均匀受力，闫某不按设计技术要求对吊杆和锚头内灌注混凝土，从而降低了锚具对钢绞线的夹持能力，并致使钢绞线及锚具锈蚀严重。在主拱钢管的混凝土灌注施工中，费某某、李某某未采用泵压技术方法，改用在主拱顶端开孔倒灌混凝土的错误方法，致使主拱钢管内出现多处漏灌及空洞，严重降低了钢拱的强度。

1996 年 2 月 15 日，彩虹桥在未经验收和等级评定的情况下违规交付使用。同年 6 月 19 日，綦江县组织龙舟赛时该桥发生异响后，建筑总工程师李某某、费某某及赵某某等人到达现场，在未经任何技术检测的情况下，李、赵即轻率地主观推断异响系“应力调整”，属正常现象。对彩虹桥继续违规、带病带伤、危险使用客观上起了严重的误导作用。

重庆市公安局于 1999 年 1 月 29 日，经提请市检察院批准，将彩虹桥工程总承包人段某、工程施工技术总负责人李某某、工程施工承包总负责人费某某等 5 名犯罪嫌疑人以涉嫌工程重大安全事故罪逮捕；将工程钢材供应商刘某某以涉嫌销售不符合安全标准的产品罪逮捕；将工程主拱钢管焊接加工生产承揽人王某某以涉嫌生产销售不符合安全标准的产品罪和公司、企业人员受贿罪逮捕；将工程主拱钢管焊接加工生产负责人胡某某等 8 名犯罪嫌疑人以涉嫌工程重大安全事故罪、生产销售不符合安全标准的产品罪和公司、企业人员受贿罪逮捕。与此同时，重庆市公安局还向市检察院、市纪检委和市监察局提供了在事故中应负直接管理责任或领导责任的 13 名党政干部及企业领导的事实材料、证据。

2004 年 12 月 13 日，因涉嫌工程重大安全事故罪，綦江彩虹桥总设计师赵某某被重庆渝中区检察院提起公诉。至此，震惊全国的“彩虹桥垮塌”案被追究责任的被告人增至 17 个。赵某某原系重庆市市政勘察设计研究院（现更名为市政设计研究院）总工程师，1988 年退休。据检察院有关人士介绍，1994 年 8 月，赵某某接受原单位院长助理段某（已判刑，彩虹桥总承包人）的邀约，担任綦江彩虹桥总设计师。操作过程中，赵某某违反设计程序规定，私自组织重庆交通学院教师吴某、周某等人，为綦江县设计了“中承式钢管混凝土提篮拱人行桥”（即彩虹桥）。随后，赵某某冒用市政勘察设计研究院的图签出了设计图，后经有关领导签字生效。1999 年 1 月 4 日，綦江彩虹桥发生整体垮塌。专家组在事故鉴定书中指出，彩虹桥“设计图纸粗糙、更改随意，构造也有不当之处”。

思考题

1. 綦江彩虹桥事故的发生原因是什么？
2. 建筑工程师应树立怎样的安全意识？

案例分析

綦江彩虹桥事故是无良工程师与其施工管理单位和行政主管部门共同“导演”的一场悲剧。在日常生产生活中，建筑工程的每个环节都与工程安全息息相关，如果建筑工程师为了本系统、单位或个人利益而草率行事，施工过程中偷工减料、不规范操作，在监督、验收过程中不按质量标准严格、公正把关，那么他们就是在用公众的生命财产做赌注，结果必然致使事故频出，以至于给国家、社会和人民生命财产造成巨大损失。

在綦江彩虹桥事故中，导致事故的直接原因有二：一是在施工过程中，钢绞线锁锚的方法错误。吊杆受力不均、损耗严重，最终引起“彩虹桥垮塌”。作为一项关乎民生的工程，建筑师、施工方都未做到对工程标准的审核，草草完工。二是钢管工厂对接焊缝质量低劣。建筑企业在一项工程的建设中，有至关重要的责任，其意义并不亚于建筑师。这也要求国家对建材行业不断进行排查、规范。建材行业作为工程中重要的一环，也必须遵循“安全第一”原则。但这也要求建筑师及建筑企业具有一定的判断能力，在鱼龙混杂的建材行业中，依靠自己的专业知识和职业操守，在工作中遵守职业伦理道德。

在美国职业工程师协会（National Society of Professional Engineers，NSPE）章程的Ⅱ.1.a 和Ⅲ.2.b 等款中，都明确要求工程师须进行安全的设计，其定义安全设计的术语为“公认的工程标准（Applicable Engineering Standards）”。例如，Ⅲ.2.b 款要求工程师“对不符合工程应用标准的计划书和（或）说明书，工程师不应加以完善、签字或盖章”；Ⅱ.1.a 则要求工程师“在公众的安全、健康、财产或幸福面临风险的情况下”，如果他们的职业判断遭到了否决，那么他们有责任“向他们的雇主、客户或其他适当的权力机构通报这一情况”。尽管“其他适当的权力机构”还有待于更加明确的解释或说明，但它应该包含地方建筑规范的执行者和管理机构。

建筑是“百年大计，质量第一”，建筑工程必须将安全放在首位。作为建筑工程的重要参与者，建筑工程师不仅要考虑工程技术上是否可行、经济上是否合理，更要承担起与自己的雇主、客户或主管部门有效沟通的责任，时刻清楚自己的站位，认真考虑工程产品是否会对用户和公众造成伤害等问题。

安全第一的原则还要求建筑工程师谨慎考虑工程施工是否会对其他建筑物的安全造成威胁，并在最大程度上防止或避免建筑活动对施工场地及其他建筑物的干扰或伤害。一项建筑工程的设计实施与周遭建筑、设施、环境等因素息息相关，建筑工程师不仅要考虑自己的工程产品的安全问题，还要考虑自己的工程产品是否会对其他建筑产生影响或威胁，在设计和施工过程中保证其他建筑、设施以及周围环境不受到波及，或尽量减少受波及的程度和范围。“中国最深基坑”的建设就深刻体现了安全第一的工程伦理规范。

案例3.2

深圳平安金融中心——“中国最深基坑”平安工程①

2010 年 9 月的一天，深圳平安金融中心工程施工进行中，总工程师周予启像往常一样蹲守在平安工程的基坑边，项目书记陈明跑到他面前，火急火燎地说：“周工，你赶紧跟我去趟地铁集团！”

到了深圳地铁集团，周予启感到空气都快凝固了，地铁集团的几位领导眉头紧锁。其中一位拿出了一张处罚决定书，严肃地说：“谁让你们把站厅的地面砸了?！地铁无法正常运营你们负得了责吗?!”

平安金融中心的基坑离深圳交通大动脉 1 号线只有 6 米，离最近的站点不到 2 米，这里每天的人流量上百万。按照国家规定，基坑施工引起的地铁变形不能超过 4 毫米。平安中心的基坑最深处达 60 米，由于地处闹市，施工区域狭窄，只能一次性开挖，地铁集团领导的担忧是有道理的。

然而，周予启接过处罚书，神情淡定地答道：“接下来我还要把出站口的地砖全都砸掉，你们要罚就等我把地砖都砸完再一起罚吧！”

在场的人惊呆了！陈明急得拽住周予启的衣角暗示他不要再往下说，心里想：“完了！完了！周予启一定是疯了！”

那位领导注视着眼前这个瘦弱却坚定的“愣头青”，面露愠色。周予启没看领导的脸色，理直气壮地说：“破坏是为了安全！砸地砖是为了给基坑和地铁之间的地下岩土注浆，注了浆土方才不会因为侧压力大变形，

---

① 岩土专家周予启：用“工匠精神”为中国建筑品质代言［EB/OL］.（2016-05-02）.［2020-05-20］. http://qclz.youth.cn/znl/201605/t20160502_7939792.htm.

地铁才能更安全!”周予启继续说道:“我们中建一局是负责任的企业,等注完浆,我们会立即把地面修整好。”

虽然早已是注册岩土工程师,周予启并没有仗着自己的“老资格”自大,而是精心准备了几套施工方案与深圳地铁的专家们商议。最终,周予启首次将“袖筏管注浆”施工工艺引入房建领域,征服了专家论证小组。经监测,深圳地铁 1 号线变形不到 2 毫米。2014 年,周予启总结的“袖阀管注浆施工”通过了北京市级工法审定。周予启为项目技术人员讲解基坑加固技术见图 3-1。

图 3-1　周予启（右一）为项目技术人员讲解基坑加固技术

（图片来源：http：//qclz. youth. cn/znl/201605/t20160502 _ 7939792. htm）

平安金融中心地处深圳中心区,基坑下面几乎集全了所有城市管线,关系到附近上万人的日常生活。周予启通过减慢注浆管的提升速度,完美解决了加固强度与管线安全之间的矛盾。而要将 8 根直径达 8 米、抗压承载力超过 10 万吨的擎天巨柱打进地下 60 米深处,就必须攻破深圳地下硬度最强的微风化花岗岩。周予启调来青藏铁路施工中用到的德国宝峨旋挖钻机,把工程桩与地壳紧紧连接在一起。

当公众用“楼歪歪”“楼脆脆”调侃房屋质量事故频发的建筑行业时,周予启却用一栋栋拔地而起的高楼为“中国品质”做了最形象的代言。

思考题

1. 建筑工程师应怎样尽量避免安全问题的发生？
2. 如何认识建筑安全与建筑规范之间的关系？

案例分析

周予启作为一名建筑师，不仅保障了个人负责的工程的安全，在建筑施工过程中也对其周边工程进行了考量。一项工程的落成，不仅仅是完成，更重要的是能够为使用者带来便利。若一项工程的建成导致其周边工程的损失，即使是成功且安全的，但在伦理道德方面这并不是一项合格的工程。

不仅如此，安全第一的原则也要求工程师关注建筑安全与地方建筑规范之间的关系，认识到地方建筑规范的变更所带来的新的潜在风险。工程必然涉及风险。一方面，即使工程师不去革新工艺，只是年复一年地按同样的建筑规范进行施工管理，产生伤害的可能性仍然存在。新的风险可能来自曾经被认为安全的产品、生产过程或化学物质。经济生活的进步，带来的不仅仅是物质文化生活的极大丰富，对建筑工程类的影响也不断变化。这些影响的改变有些并不可知。这就需要我们不断根据即发状况与合理推断制定更加安全的地方建筑规范。另一方面，由于地方建筑规范的变更，工程师们改变以往的施工用料或施工作业方式，产生风险的不确定因素也会大大增加。工程师用新的建筑材料或新的工程设计来建造一座桥梁或一幢建筑，在缺乏了解它们对人类和环境长远影响的情况下，新的机器生产出来了，新的化合物合成出来了，新的风险自然随着它们产生了。因此，建筑工程师应在掌握足够的专业知识的基础上，处理好地方建筑规范的变更与新风险之间的关系，对可能出现的安全问题具有一定的合理性判断，从而能够在最大限度上避免问题的发生。

案例3.3

城市建筑条例的变通与双塔的悲剧

1945 年 7 月 28 日星期六，一个雾蒙蒙的上午，美国空军一架 B-25 双引擎轰炸机迷失在大雾中，并以距离地面 914 英尺的高度撞向纽约帝国大厦。大厦北面被撕开了一个 18 英尺×20 英尺的口子，机上着火的燃料渗入大厦内。纽约消防员在 40 分钟内扑灭了大火。3 名乘务员和 10 名机组人员丧生。帝国大厦经过修缮后保留下来。

1945 年，当时的纽约市建筑条例要求所有的楼梯井周围都要有坚固的土石材料和混凝土结构。这就使消防人员在 1945 年能够通过楼梯井迅速进入帝国大厦里面的着火区域，并在 40 分钟内扑灭了大火。

10 年之后的 1955 年，纽约市银行业和房地产业的巨头们共同启动了纽约世界贸易中心的计划，这就是后来被称作"双塔"的建筑物，他们是当时世界上最高的建筑物。然而，随着这项计划的实施，双塔的建设明显地需要新的施工技术以及需要放宽原有的建筑规章的要求。因此，建筑规章发生了变化，在双塔的钢筋结构上喷涂的耐火材料量被削减了一半。这就减轻了大楼的重量，从而可以为其增加额外的高度，这也就能够提供更多的出租空间。可悲的是，这也加速了大楼的倒塌。如果考虑到建筑企业见利忘义，其喷涂量甚至没有达到最低的要求，那么耐火材料的喷涂量甚至比当时规章中降低了的要求还要低。另外，当双塔工程的规划者和设计者审视他们的早期设计方案时，他们发现，该设计方案不能提供足够的出租空间以维持双塔在经济上的可行性。解决的方法就是取消对楼梯井周围的土石方要求，以增加大楼的可出租面积，从而满足经济规划者的利益。这一忽略安全要求的方案却得到了纽约市的许可，结果导致了"9·11 事件"发生时消防人员不能进入双塔上面的楼层，并且也使得处于着火点之上楼层的人们无法从大火中逃生。

以上两个对纽约市建筑条例的变通间接导致了 2001 年 9 月 11 日上午 2000 多人的死亡。

除此之外，1945 年的纽约市建筑条例和现行的纽约市建筑条例都规定：负荷受力的、高层建筑物钢筋结构都应在熔炉中进行检测，使其面临熊熊大火的恶劣情形。1975 年也发生了一场从北塔 9 楼蔓延至 19 楼的大火，导致钢筋地板结构塌陷，类似于后来在 2001 年 9 月 11 日双塔倒塌前正好表现出的地板结构塌陷。但是，规定的检测却未得到执行。这种对建筑规章所要求的检测的忽略也许正是加剧 2001 年大灾难的另一个主要原因。

2001 年 9 月 11 日，恐怖分子劫持了两架载有 727 名乘客的喷气式飞机袭击了双塔，飞机撞向三分之二高程的塔身上方。

撞击的后果首先是高能量的航空燃料引发了许多楼层的大火。大火使 2000 多名上班族困在着火点之上的楼层里，其中只有 18 人走下燃烧着的楼梯井来到安全地带，其余大部分人在随后的大厦倒塌中丧生。相比之下，大部分着火点之下楼层里的人在大厦倒塌前下撤到了安全地带。据《纽约时报》报道，为了减少发生类似悲剧的可能性，目前“9・11 事件”遗址纪念性建筑物的建筑规划都设计了超高层的楼梯井。

在飞机撞击后的一个小时后，火焰燃烧的巨大热量造成两座楼的钢筋地板横梁塌陷，从而导致地板结构与受力柱梁脱落。随着地板横梁的脱落，它们又给下面的楼层产生了负荷，以致受力柱梁无法承受，双塔倒塌。

对工程师而言，“9・11 事件”提出了大楼结构为何失效、建筑规章为何不能有效地保护公众以及今后如何预防此类灾难的问题，到底应该怎样看待城市建筑规章的变通，也成为工程师需要思考的问题。

思考题

1. 面对城市建筑条例的变通与施工建设之间的矛盾，工程师应怎样做？

2. 工程师应通过何种方式实现“安全第一”的伦理规范？

案例分析

在城市建筑条例的变通与双塔的悲剧中，我们首先应该明确，当一位负责任的工程师认识到某一设计违反了建筑规范而又不去阻止它时，他就应该为由此导致的任何伤亡承担责任。与之相似，当一位工程师认识到某个对建筑规范的变通方案会给公众带来危险，却又不采取任何行动加以阻止时，那么他就应该为由此产生的任何伤害承担责任。其次，城市建筑条例使安全因素和施工步骤（如对防火措施或材料要求）具体化，这些都是建筑领域所必不可少的。在我国，每个城市的住房和城乡建设领域的主管单位均出台了不同的城市建筑规范条例，那么工程师在设计和施工的过程中可把其他城市的经验教训纳入决策中，根据自己所在城市的实际情况，通过公众听证会等方式，协助立法机关起草新的建筑规范或对现有建筑规范做必要的修改，需要注意的是，所有规范的任何更新和修改都应本着“优先考虑安全”的原则。最后，在变更城市建筑规范条例的过程中，工程师必须要清晰地认识到，随着旧规范的变更和新规范的出台而来的是潜在风险的增加。因此，工程师要始终把安全问题放在首位，在未来的施工建设中审慎对待城市建筑规范的变通，及时发现问题和解决问题，只有坚守“安全第一”的原则，才能保证在城市建筑条例的变通与施工建设之间出现矛盾时，及时做出正确的判断，避免为建筑物出现问题埋下祸根。

综上，在建筑伦理方面要保证“安全第一”，大致做到以下几点。

（1）设计前期充分开展调研工作，实地考察，对周边设施进行评估，以求建筑工程不对周边产生负面影响。

（2）施工过程中严守建筑标准，不仅企业要对建筑施工材料等安全性进行调查，政府也应定期抽查，而建筑师对建材的安全性应抱有更加专业、严谨的态度。

（3）对施工工艺不断进行推敲，在工程建设过程中，建筑师的专业性和知识储备尤为重要，一个建筑师，只有不断研究建筑安全与施工之间的关系，使二者建立密切联系，不断积累经验，才能在保证工程安全的基础上使工程更加耐用。

（4）遵守建筑规范，当规范有不足以保证工程安全的可能性时，积极收集意见，慎重看待城市建筑规范与建筑安全。一个工程建设的安全性，并不是指其符合所处城市的建筑规范；而是指其在符合建筑规范的前提下，能够更加长久、安全地被使用。

案例拓展3.1

“耻辱戒指”与“耻辱断桥”[①]

加拿大工学院是一所颇有声誉的高校，在国际上也很有名气。可是，在工学院历史上曾出现一件几乎使该校声名扫地的事情。有一次，加拿大政府将一座大型桥梁的设计工作交给一名毕业于该校的工程师，但由于设计计算过程中的一点疏忽，使桥梁结构的承载能力大大低于该桥梁的强度设计要求，致使桥梁在交付不久就轰然倒塌，发生了桥毁人亡的重大安全事故，为此政府蒙受了巨大的经济损失。为了铭记这个惨痛的教训，加拿大工学院不惜重金，买下了倒塌桥梁的所有钢材，打造成一枚枚戒指，取名为“耻辱戒指”。从此以后，这所学校的毕业生在领取毕业证书的时候，都会领到这样一枚戒指戴在手上，以谨记过去的教训。在这种精神的激励下，加拿大工学院的毕业生都对工作一丝不苟，兢兢业业，取得了许多非凡的成就，赢得了社会的肯定和赞扬，为学校赢得了无数荣誉。然而，这枚“耻辱戒指”却始终戴在所有加拿大工学院毕业生的手上，“耻辱戒指”成为一个警示，时刻提醒他们工作必须严谨认真。

南非开普敦是一座美丽的城市，然而市内却有一座陈旧的断桥，腕粗的钢筋张牙舞爪地伸在外面，大大小小的混凝土块七零八落地挂在钢筋上，或横躺在路面上，真是大煞风景。然而这座大桥却是政府故意保存下来的。15 年前，因为计算错误，桥建到快一半时轰然倒塌，三名建筑工人当场身亡。就在政府打算尽快清理掉这堆建筑垃圾时，有市民建议留下这座断桥。他在写给市长的信中说道：“断桥是刻在每个市民心头的耻辱，就像流过血的伤口会永远留下个疤。然而不承认有疤的城市是虚弱的，我

---

① “耻辱戒指”和“耻辱断桥”［N］．西安晚报，2011-08-01.

们这座城市需要的不仅仅是美丽，更需要一种勇敢的品质。让耻辱的断桥时刻警示我们吧，这样我们的未来才能做得更好。”于是断桥被保留了下来。开普敦议会专门作出规定，任何人不得拆除断桥，后来的每一任建设局局长宣誓就职时都选择在断桥前，市长会把一个小盒子交到建设局局长手中，盒子里是断桥上的一小块混凝土，建设局局长要保证用责任来修补曾经的“耻辱”。

思考题

1. 采取何种措施才能最大程度避免此类安全事故再次发生？
2. 当出现安全事故后，让城市腾出空间以保留事故现场有无必要？

第三节　诚实守信

诚实守信是每一个公民需要遵守的道德规范，作为一名工程师，诚实守信同样是一个非常重要的意志品质。在古希腊，建筑工程师统领着建造活动的规划、测量与指导，不仅要解决建筑过程中的技术问题，还要研制一些用于建筑活动的装备机器，担负着整个建造工程总主管的角色，可以说一名建筑工程师的诚实守信关乎整个工程产品的存亡。在当代，建筑工程师的诚实守信在具体的工程实施中的地位同样不容小觑。一个不具有工程师资质的人参与到工程设计施工管理环节中，就是一种严重的蓄意欺骗行为；一位工程师上传了错误的数据，却故意隐瞒，这也是一种欺骗行为；一个工程师过度夸大自己产品的优点或价值，也是一种说谎的行为；一个工程师怀疑数据的准确性，却并未进一步验证这些数据，任由其应用在具体的工程施工中，这也是一种不诚实的表现……《工程伦理学》一书中将工程中诚实问题的表现分为以下八种：说谎、蓄意欺骗、抑制信息、未能获得事实、修饰、拼凑、伪造、剽窃。建筑工程师应遵循客观规律，严格按照国家标准，科学严谨地开展建筑活动。

案例3.4

当工程师面对伪造数据①

南通市建筑材料研究所是江苏省建设厅认可的土建一级检测资质单位，担负着全市建设工程中建筑材料的质量检测工作，曾因检测严格、数据权威而在业内拥有较高的声誉，该所的检测业务也年年攀升。但是，该所检测试验室却从1999年2月开始，多次严重违反规定，肆意涂改建筑检测数据，出具数份虚假检测报告，造成恶劣影响。

领导带头改数据。2000年9月某公司在南通建造住宅楼时，该所试验室为其做了一次水泥砂浆抗压强度检测，检测数据是4.2强度单位，然而，该所领导随后却为施工方重开了一份检测报告，砂浆抗压强度变成了6.0强度单位。经查，该试验室共有近百份试验的原始记录有不正常的涂改。

没做检测也能开出检测报告。南通市近两年来陆续建设的道路中，有3条路段快车道都设计为水泥路面，建设单位请这家研究所做路基土工检测。开始试验人员认真检测，可不久试验室就不再派人做检测了。随后的一份份路基检测报告，都是由施工方自己填好后，再送来由研究所领导签字盖章就完成了。严肃的工程检测由此变成了儿戏。从1999年2月到2002年初，该试验室有多份检测资料上无试验人和审核人签字。

超范围出具检测报告。某房地产公司请这家研究所检测涂料，该所并没有检测涂料耐洗刷率、对比率等两项重要指标的仪器设备，该所领导却开出了“检测合格”的报告。1999年9月，该所出具了5份不在本单位资质范围内的沥青混凝土质量检测报告。2001年2月下旬，南通市狼山仿古一条街工程所用的山河牌乳胶漆，送交南通市建材研究所检测，而该所没有乳胶漆检测设备，在这种情况下，该所负责人赵向荣竟自编数据，开出虚假报告。所里有人反映后，赵向荣还公开讲：“我有权这样做，给朋友帮忙很正常。”

---

① 两年开出600虚假报告　质量检测岂能弄虚作假［N］．人民日报，2003-02-20.

在2000年至2002年初的两年多时间里，该所竟开出600多份虚假检测报告。2002年7月，江苏省建设厅派出专家调查组，对南通市建筑材料研究所两年来的问题进行了调查。2003年，这种建筑工程违规检测的行径终于败露。在被调查的870份检测资料中，发现有605份无试验人员签字和审核人员签字，有171份试验原始记录被非正常涂改。江苏省建设厅根据有关规定，决定吊销南通市建筑材料研究所工程质量检测资质，并处以5000元罚款。违规单位南通市建材研究所最终受到了严肃查处。

据了解内幕的业内人士介绍，搞工程违规检测报告的远不止几家。这种伪造数据的行径在业内明目张胆地存在了多年之久，工程师面对这些虚假数据的态度让人唏嘘。可以说，工程师对这种恶劣行为的熟视无睹也是使得伪造数据行为泛滥的重要原因之一。南京某监理公司监理陈先生从事建筑工作已有10余年，从搞工程设计转为搞工程监理已5年多，大小工程已参加了数十个，对这样的事已见怪不怪了。他说，不少施工单位进了水泥，先是抽检不合格，隔了一段时间，就说问题解决了，仍然把水泥用在了工程中。查看检测报告，果真有了一份合格报告。“解决了”“摆平了”，在工程中成了一种心照不宣的说明方式。知情人士透露，很多开发商、施工企业为了多赚钱，尽量购低价建材、偷工减料，你认真检测，开发商、施工单位过不了关，人家就要设法打通关节。

思考题

1. 南通市建材研究所违背了什么建筑伦理规范？
2. 工程检测中的不诚信会导致什么样的后果？

案例分析

在这个案例中，南通市建材研究所将严肃的工程检测变成了儿戏，原本检测严格、数据权威、在业内拥有较高声誉的研究所竟然因虚开检测报告而受到了有关部门查处。作为江苏省建设厅认可的具有土建一级检测资质的单位，其实际的检测工作并没有做到与资质相符。在这个过程中，实验室面对百余份试验原始记录数据被涂改的情况，并未进行制止，而是任其胡作非为，最后竟然发展成检测报告直接由施工方填好，研究所盖章通过的局面。这种行为竟成为建筑工程中心照不宣的惯例，多位建筑设计工程师在明知数据存在漏洞的情况下依然坐视不理，用虚假的数据设计出摇摇欲坠的建筑，这种不诚信的行为是工程设计施工中的大忌，所引发的蝴蝶效应更是致命的。领导带头改数据，企业明目张胆填数据，这个案例从侧面反映了某些建筑工程师实施了“抑制信息”等不诚信行为，即使工程师自身并没有说谎，但这种明知使用了错误信息却仍“事不关己、高高挂起”的态度实则也是一种不诚信的表现。

此外，建筑工程师的诚实守信不仅仅体现在个人的行为层面，还深刻地体现在具体的社会关系上，这就要追溯到雇佣关系上来。由于科技水平的不断进步，建筑工程的职业化、团体化发展不断深入，工程师往往隶属于某一个职业团体，一个建筑工程师个体的力量已经不足以主导整个工程的建设、运行和维护等具体环节，实际参与建筑工程活动的利益集团同样也应该对整个工程负责。也就是说，工程团队的责任不能与工程师个体的责任画等号，但这就在一定程度上分散和减轻了工程师以往所应承担的责任。尤其是在我国的建筑工程项目中，层层分包的现象很常见，三包、四包等情况都十分普遍。但是，这并不意味着工程师可以逃避责任，而是要求工程师能够具有更加清晰的底线思维和更加敏锐的职业判断力，在一项巨大而漫长的工程中，诚信工作，做好工程每一步的衔接，避免多米诺骨牌效应出现。因此，建筑工程师不仅需要根据自己的意志来确定工程方案，在具体的工程实施中拒绝虚假或具有严重误导性的内容和行为，更需要其在团队中保持清醒的职业判断力，正确处理好自己对雇主的责任与对公众的责任之间的冲突。建筑工程师在社会利益关系中常常扮演着辅助性的角色，优秀的建筑工程师会辅助优秀的个人或公司，助其获得更大的既得利益，而缺乏道德的建筑工程师会辅助不道德的个人或公司，助其获得更多的不应得的利益，从而后患无穷。在这个合作关系层面上，建筑工程师的诚实守信就显得尤为重要。美国职业工程师协会章程这样规定：工程师不应与任何他们认为从事欺诈或不诚实行为的个人或公司合作，也不应允许将他们自己的姓名用于这样的合作中。工程师需要对自己的雇主忠诚，但这种忠诚是有限度的，不能以忠诚和服从为借口，从事罪恶的行为，任何超出限度的服从都是不合理的。

案例3.5

布拉德的困境

布拉德从工程技术学院毕业后，找到了一份专职工作，现在是他从事这份工作的第二年。他喜欢设计，但他越来越为自己的工作没有得到经验丰富的工程师的审核而感到忧虑。他被分配去设计许多涉及公共安全的工程项目，如学校和楼宇之间的天桥。他向那位工程设计能力颇受自己尊重的上司反映过此事，而他也被告知他的工作将由经验丰富的工程师来核实。然而，布拉德后来发现，他的工作常常得不到充分的审查，相反，他的设计图纸在盖章之后就转交给了工程承包商。有时，他所设计的小规模工程在设计图纸完成之后的几周内就开始施工建设了。

对此，布拉德向他母校的一位教授请教。他说："我实在担心自己会犯致命的错误，而这种错误可能会夺走人的生命。我努力严格地按标准进行设计，但分配给我的项目越来越复杂。我该怎么办呢?"教授告诉他，从伦理上看，他不能继续从事这份工作了，因为他现在从事的工作已超过了其资质的范围，并且这有可能危害公众。布拉德该怎么办呢?

思考题

1. 面对对雇主的责任与对公众的责任之间的冲突，工程师应怎样做?
2. 工程师应怎样正确看待公共利益?

案例分析

布拉德的例子就是在讨论工程师面对对雇主的责任与对公众的责任之间的冲突时，能否在社会关系中坚守自己的意志品质，能否诚实对待自身的工作，能否正确对待与雇主间的合作关系。有些时候，一些企业为了降低成本，使用不具有相应资质的工程师；而有些工程师，为了谋取更大利益，从事超过其资质范围的工作。这就导致工程师对雇主的责任与对公众的责任可能发生冲突。在工程师职业章程（NSPE）中，基本准则 1 和基本准则 4 均表明了这种冲突。

基本原则 1：将公众的安全、健康和福祉置于首位。

基本原则 4：作为忠诚的代理人和受托人为雇主和客户从事职业事务。

虽然对公众的责任是首位的，但布拉德也必须尽可能地履行他对雇主的忠诚。他有如下选择。

（1）布拉德可以再次到主管那里去，并以最合适的方式说明他对自己的设计没有得到恰当的审核而感到不安，并指出生产可能有缺陷的设计不符合公司的利益。

（2）他可以与组织内部的、与之有良好工作关系的其他人讨论此事，并请他们帮助说服布拉德的上司，使他的工作得到更多的审核。

（3）他可以对上司说自己不能再继续从事超出自己能力和经验的设计工作，并且可能不得不考虑换一份工作。

（4）他可以另找一份工作，在被雇佣后再通知州工程注册委员或其他能够制止这种行为的机构。

（5）他可以去报社或职业社团直接揭发此事。

（6）他可以直接另谋一份工作，而对过去的事秘而不宣，让其他年轻的工程师继续做这份工作。

（7）他可以继续目前的工作而不做任何举动。

就伦理和职业的责任而言，布拉德应当花时间仔细地考虑这些选择。由于工程师有责任成为忠实和忠诚的雇员，那么他应当努力找到一种方法，以便既能够保护公众的利益又能够履行他对雇主的忠诚。在保护公众利益的同时，他尽力维护自己的事业也是合理的。

根据这样的指导方针，我们可以看出，第一种选择可能是布拉德的首选。如果奏效，这样能够使企业和布拉德本人形成双赢。但如果第一种选择仍不见成效，那么第二种选择也是一个好的选择。毕竟他也为确保工程的安全进行过努力。在这两种选择中，不管哪一种，如果成功，那么这将是一个好的创造性的中间方式的解决方法。第三种选择则并不那么令人满意，因为这会使他处于雇主的对立面，但是，如果前两者都不成功，那么他也只能选择第三种。因为这样在最大限度上保证了大众的利益，并对企业起警示作用。第四种选择会破坏他与雇主的关系，但却能够保护公众和布拉德自己的职业生涯。第五种选择也会导致他与雇主关系的破裂，并且还会威胁到他的职业生涯。而第六和第七种选择显然是不正当的，因为它们从本质上来说，并不能保护公众的利益。

当然，布拉德还可以考虑其他选择。重要的是，在采取行动之前，他应当尽可能考虑充分，他必须努力地发现尽可能多的创造性中间方式的解决方法。然后，他应当对这些解决方式进行评价，并且从最令人满意的方法开始行动。只有当第一种方法失败了，他才应退而求其次，这才是一种正当的行为。

另外，工程师在合作关系中普遍面临的一个问题就是经济效益与社会效益之间的博弈，而建筑设计工程师坚持诚实守信的道德准则，担负起对主管工程质量的全面技术责任，不仅不会损害施工企业的经济效益，反而还能提高公司的声誉，使企业获取更大的社会效益和经济效益。

案例3.6

诚实守信　利己利人[①]

第二届全国诚实守信模范牙高峰，曾任广西壮族自治区建工集团第一建筑工程有限责任公司第一分公司副经理。“诚实守信建房”是牙高峰一直恪守的工作宗旨。“要建房、先做人”是他坚持的理念。他要求团队人员在工程建设中“以德立信、以德立业、以德立世”，认真践行“爱岗、创业、开拓、振兴”的企业精神。

牙高峰严格做到按工程合同工期要求履约践诺。在承接急、难、新、重的任务时，他都是首先进行深入细致的研究，科学合理地安排施工节奏和进度；具体操作上，则是加强技术与劳动力的管理，做好各单位、各部

① 何建明．中华高歌：走近第二届全国道德模范［M］．北京：作家出版社，2010.

门、各工种的协调调度及工序衔接，“以天保周、以周保月”。7年来，他所带领的项目部工程合同履约率达100%。

有人会问，牙高峰时时处处为业主着想，对质量一丝不苟，用料从不掺杂使假，这样一定会影响企业的效益吧？是啊，现在建筑市场竞争十分激烈，每项工程都要进行公开招投标，甲方留给乙方的利润空间很小。再加上回扣、垫资、拖欠工程款等行业惯例作祟，很多施工企业往往赔钱赚吆喝。为了获取利润，只好动各种歪脑筋，偷工减料。施工企业处于这条利益链的末端，因而更引人注目，往往成为挨板子的替罪羊。对这些，在建筑领域摸爬滚打了十几年的牙高峰深有感触，更是满腹苦水。但他的难能可贵之处就在于，面对艰难的社会现实，他没有随波逐流，而是另辟正途，以质量求生存，终于杀出一条血路，如今走上坦途。

在市场经济条件下，不断提高经济效益是每个企业的中心任务，是企业负责人追求的根本目标和生存之本。作为项目经理，牙高峰感到肩上的担子十分沉重。他常说，我是一根扁担挑两家：一头是社会效益，要全心全意为业主、为住户建放心工程，称心工程；另一头是企业效益，保证员工的饭碗。我想以诚信精神为企业创造效益，绝不能靠高估冒算、偷工减料、粗制滥造这些歪门邪道，而应走光明正道。多少年来，他始终没有放弃在激烈的市场竞争中，在低造价中标的挑战前，在价格战的角逐中靠正道为企业创造最大效益的求索。

在南宁饭店锦绣楼的施工中，他大力推广新技术、新工艺、新材料。在电梯井内模施工中采用内撑式自动提升钢模，利用WG-HEA的补偿收缩作用，提高了混凝土的抗裂强度；利用计算机对现场钢筋配料加工、工程量计算、施工组织设计编制、劳动力调度等工作进行精细管理，降低了成本，提高了效益。事后经过计算，仅在该项工程中，由于牙高峰采取了上述一系列科学管理措施，节省机械费52.59%、材料费6.85%、人工费3.38%。他还通过点点滴滴为企业降低成本，创造利润。基础排水井许多施工队都填掉，而他们却留下来，抽地下水浇砖浇墙养护混凝土；沙石筛漏回收起来，用粉碎机粉碎后代替沙子；垫塔吊路轨的石头筛选干净，用在工程上；绑扎钢筋的铅丝按需要截成不同长度，把甩头降到最短；十几厘米宽的竹模下脚料一条条收集起来，用来支设圈梁模板；主体砌墙，严格控制垂直度、平整度，避免因质量不合格返工的现象，这些措施无形中提高了效益。由此可见，牙高峰和他的团队赚的真正是血汗钱、良心钱。

牙高峰项目部现在正施工的德国外商的赢创美诗药业厂房工程也是企业通过正道追求效益最大化的样板。德方负责该项目的黄田康经理透露，工程 2010 年 1 月底将竣工，德国老板对工程质量十分满意，知道施工方付出了许多辛劳，决定主动追加工程款 58 万元，并以赢创工业集团（世界五百强企业名列第一百位左右）的名义给牙高峰项目部写一封感谢信。这对他们在今后的投标中，尤其对外资企业的投标中十分有利。“夫唯不争，故天下莫能与之争”，老子的名言，在 21 世纪的今天，在讲诚信的德国人面前，在同样讲诚信的牙高峰身上，再一次得到验证。甲方主动为乙方追加工程款，这类似天方夜谭的神话确实发生了。许多人感到不可思议，我想唯一合理的解释就是“精诚所至，金石为开”。事实证明，只要精心耕耘，就一定会获得可喜的收获。

牙高峰有句口头禅：人心换人心，八两换半斤。你为别人着想了，别人才会为你着想。

双方关系的和谐友好，能更好地解决问题。能做到就做到，做不到就言明，绝不能敷衍了事。

这不仅是对对方的尊重，也是对自己负责。几年来，诚信服务在他和业主之间架起了一座座相互合作、相互理解、相互信任、相互支持的桥梁。牙高峰正是凭借始终如一的诚信，做到了干一项工程交一批朋友，创一方信誉，占一片市场。

思考题

1. 牙高峰的行为主要体现了什么样的建筑职业伦理道德规范？
2. 建筑师应怎样处理经济效益与社会效益的矛盾？

案例分析

牙高峰的事迹中多处都体现了他恪守诚信的良好职业伦理道德素质。

一方面，履行诚实守信的道德准则可以指导工程师的建筑理念，有效保障工程质量。履约践诺、合同履约率达100%，使他为自己赢来了更多机会；以质量求生存，符合社会大众对建筑行业的期望。将业主的生命安全放心间，不说谎、不蓄意欺骗，诚实完成工作，更使他立于不败之地。在牙高峰的案例中，还需要注意的是，诚实守信原则在调节经济利益与社会利益之间的矛盾时所起到的重要作用。另一方面，诚实守信更是指导工程师处理好社会利益与企业利益之间冲突的“润滑剂”。牙高峰一直秉承着以诚信精神为企业创造效益，不靠高估冒算、偷工减料、粗制滥造来谋取经济效益，而是靠实干巧干为企业创造最大效益。

在项目施工过程中，工程师们不可避免地要面临利益冲突，工程师受经济利益的驱使而影响职业判断的例子有很多，NSPE伦理章程中就此列举了一些需要特别注意的禁止事项。

> 第五条　工程师在履行他们的职业责任时不应受到利益冲突的影响。
>
> （一）工程师不得因为指定材料或设备供应商的产品，而从他们那里收受经济或其他报酬。
>
> （二）工程师不得直接或间接地就其负责的工作，从合作商或其他客户、雇主相关方那里收受佣金或津贴。

在看过牙高峰诚实守信的案例后，反观NSPE伦理章程中所列举的禁止事项，不难看出，其实工程师在面对经济效益的诱惑时，只要坚守诚实守信的道德准则，尽职尽责地履行自身的责任和义务，忠实对待自己的雇主和不辜负社会的期望，这些“禁止事项”就自然失去了存在的价值。因为诱惑并不能成为犯错的理由，社会关系中的“诚实守信”要求建筑工程师自觉摒弃不良企业的利益诱惑，参与到优质可靠的市场竞争环境中，坚持以诚为本，注重信誉，通过建立良好的合作关系提升自身的核心竞争力，这样才会赢得“诚信”带给自身的无穷财富。因此，在面对社会利益和企业利益的两难问题时，一个遵守诚实守信道德原则的工程师可以帮助其做出积极正确的道德判断，从而指导其行为，维护建筑工程事业的良序发展。建筑工程师创造了人们赖以生存的场所，延续和发展着人类文明，作为一名合格的建筑工程师，诚实守信是其应坚守的道德底线，这关乎人们生存质量的优劣，甚至关乎人类文明发展的进退。因此，建筑工程师不仅要严格要求自己，坚持投身到反对不诚信的斗争中，还要站在团队的角度，处理好经济效益与社会效益、短期效益与长期效益之间的关系，清楚地认识到诚实守信这一道德原则在调节经济利益冲突中的重要作用。

案例拓展3.2

无证工程师[①]

查尔斯·兰德斯，安克雷奇市的前议员，无执照的建筑工程师，被认定有罪，因为他在至少 40 份文件上伪造其合伙人亨利·威尔逊的签名并且使用他的职业图章。这些文件都是在威尔逊不知情的情况下伪造的，当文件被签署时威尔逊并不在办公室。那些签了名和盖了章的文件是呈送给安克雷奇市健康部门的证明材料，用以证明当地的废物腐化系统达到了城市废水处理法规的要求。调解法庭的法官沃尔弗顿禁止兰德斯从事工程师、建筑师或土地测量员助理的工作 1 年，他还判处兰德斯被责令告知业主伪造文件的问题，并解释他将如何纠正这些问题，还要承担聘请一位执业工程师审核并签名盖章这些文件所需的费用。

首席检察官助理丹·库珀要求给予兰德斯最大程度的处罚：4 年的缓刑和 40000 美元的罚款。库珀认为："重复 40 次的事件使得他的违法行为成为一起最严重的滥用工程师图章的案件。"这可能是阿拉斯加州第一次起诉这样的案件。首席检察官办公室是在征求了安克雷奇地区多位职业工程师的意见之后才接手该案件的。

据库珀所言，兰德斯说他文件上签名并且盖章是因为，"他的客户需要立即完成某些事"（在办理财产交易之前需要这些文件）。兰德斯的律师比尔·奥伯利主张，应该给他的客户最轻的判罚，因为公众健康和安全并

---

① 查尔斯·E. 哈里斯，迈克尔·S. 普里查德，迈克尔·J. 雷宾斯，等．工程伦理：概念与案例［M］．5 版．丛杭青，沈琪，魏丽娜，等译．杭州：浙江大学出版社，2018.

未真正受到危害——一位职业工程师随后对这些文件复查，发现并没有违反标准（除了伪造和滥用图章外），这些文件无须更改便可重新提交。

然而，沃尔弗顿法官辩称，兰德斯的行为对公众的信任造成了严重的破坏。他说，公众依赖那些被托付了特殊责任的人（如职业工程师）的言语，“如果个体的言语是不可靠的，那么我们的信任系统就会完全崩溃”。

法官还引用了一封来自理查德·阿姆斯特朗的信，他是隶属于阿拉斯加州商业和经济发展局的建筑师、工程师和土地测量员注册委员会的主席。阿姆斯特朗说：“要求职业工程师在他们的工作成果上盖章的部分原因是：保护公众远离不合格的从业者；确保职业领域内最起码的能力水平；促使从业的建筑师、工程师和土地测量员对他们的工作负责；提升职业的伦理水平。这一案件的出现将会使其他有真正执照的工程师所设计的工程项目蒙受怀疑的阴影。”

思考题

1. 探讨这个案例中工程师存在的伦理问题。

2. 由于伪造的文件都无须做任何更改，因而是否应该给予兰德斯最重的处罚？

第四节　建筑使用监控（回访）制度

当一项工程竣工投入使用后，并不意味着建筑师工作的终结。相反工程竣工并落成后的使用，是对工程师工作的检验。但工程也会有损耗，在使用过程中也会出现建造时未曾考虑的情况，缩短建筑物的使用寿命。此时，对工程进行定期回访则显得格外重要。另外，对施工企业而言，工程的回访数据能够促进企业生产发展更加合理安全，从而有助于实现建筑标准的合理化、建筑规范的人性化。在我国古代早已存在着类似于建筑使用监控（回访）的做法，据《礼记》记载：“物勒工名，以考其诚。工有不当，必行其罪，以穷其情。”“物勒工名”是一种春秋时期开始出现的制度，古人将物与人相结合，在产品上刻上工匠的名字以追责。随着时代的进步，逐渐出现专门检测质量的官吏，官吏不仅要对产品的使用质量进行检查维护，当产品出现问题时，也要对制作工匠提出惩罚的建议，并给出改进措施。由于检测质量官吏的专业性较强，因而能够进一步提高生产效率及生产质量。在建筑工程方面，此法依然适用。例如，我国古代长城的砖石上刻有建筑工人的姓名。作为古代最基础的防御工事，“物勒工名”制度保障了长城经千年而屹立不倒。当然，建筑建成后，历朝历代对长城的修护也延长了长城的寿命。正是因为有这种监控（回访）制度，我国才能够留有如此多的文明古迹，使中华泱泱五千年的文明没有湮灭于时间长河中。由此可见，“物勒工名”实质上就是一种质量责任体系。2014 年 8 月，住房和城乡建设部印发了《建筑工程五方责任主体项目负责人质量终身责任追究暂行办法》，其中规定：建筑工程竣工验收合格后，建设单位应当在建筑物明显部位设置永久性标牌，载明建设、勘察、设计、施工、监理单位名称和项目负责人姓名。这个办法可以称为现代版的“物勒工名”。

建筑使用监控（回访）制度其实就是“物勒工名”的现代化发展，建筑工程监控回访可以理解为一种“售后服务”的行为，是国家对从事建筑施工企业应该承担的安全责任所必须履行的法律义务和约束。通常是在施工项目按照预期完成全部设计和建造任务，并向业主交付竣工和验收后，由施工企业向用户（业主）签署工程质量保修书，明确给予一定的保修期限，并在工程质量保修书约定的期限内进行监控回访。参加监控回访的单位可以是勘察设计单位、施工单位或监理单位。可通过组织座谈会、填写用户意见卡、质量回访记录、现场检查等方式了解工程质量情况，一般不涉及费用问题。监控的内容主要涉及发生的、影响了观感和正常使用、确由施工造成的质量缺陷等问题。建筑使用监控回访制度的建立不仅是施工单位责任意识的具体表现，也是建筑工程质量跟踪服务制度的内在要求，在建筑工程项目管理中具有非常重要的意义。

要保障建筑质量和安全，不能仅仅依靠道德治理，还需要出台相应规章制度，从制度正义的角度着手，提升加强建筑施工质量的效率，并从他律的角度来加强工程师对自身职业道德规范的自觉坚守。当前建筑使用监控（回访）制度存在的问题在于“保修期短”和“落实难”两个方面。“保修期”的设定是否合理，这是建筑工程管理过程中需要考虑的问题之一。实际上，我国根据《中华人民共和国建筑法》《建设工程质量管理条例》和《房屋建筑工程质量保修办法》等法律法规及相应办法形成了对工程项目交付后保修服务回访制度的规定。我国早在 2000 年就制定了相关制度条例，国务院第 25 次常务会议通过了《建设工程质量管理条例》，其中明确规定了建筑工程质量的保修期。

第六章　建设工程质量保修

第三十九条　建设工程实行质量保修制度。

建设工程承包单位在向建设单位提交工程竣工验收报告时，应当向建设单位出具质量保修书。质量保修书中应当明确建设工程的保修范围、保修期限和保修责任等。

第四十条　在正常使用条件下，建设工程的最低保修期限为：

（一）基础设施工程、房屋建筑的地基基础工程和主体结构工程，为设计文件规定的该工程的合理使用年限；

（二）屋面防水工程、有防水要求的卫生间、房间和外墙面的防渗漏，为 5 年；

（三）供热与供冷系统，为 2 个采暖期、供冷期；

（四）电气管线、给排水管道、设备安装和装修工程，为 2 年。

其他项目的保修期限由发包方与承包方约定。

建设工程的保修期，自竣工验收合格之日起计算。

第四十一条　建设工程在保修范围和保修期限内发生质量问题的，施工单位应当履行保修义务，并对造成的损失承担赔偿责任。

第四十二条　建设工程在超过合理使用年限后需要继续使用的，产权所有人应当委托具有相应资质等级的勘察、设计单位鉴定，并根据鉴定结果采取加固、维修等措施，重新界定使用期。

在我国，建筑质量监控的相关规定存在着一定的漏洞，给一些不负责任的建筑管理者提供了可“钻空子”的地方，触红线的做法屡见不鲜。相较于我国的建筑质量保修期相关规定，国外的做法显然具有更大的启示和作用。1998年初，全国很多媒体都发布了这样一条新闻：武汉市鄱阳街有座欧式六层楼房，叫作“景阳大楼”。1997年末的一天，大楼的业主突然收到寄自英国的挂号信，这封信是英国一家建筑设计事务所的公函，告知业主该楼由本所设计施工于1917年，设计寿命是80年，现在即将到期，敬请业主采取必要防范措施。可见，国外对建筑使用监控（回访）的时限并不仅限于“保修期”内，也包含在建筑物即将到使用年限时，将危险告知使用者。

在国家颁布的《住宅建筑规范》（GB 50368—2005）中，对住宅的设计使用年限、标准、条件进行了解释和规范。用制度规范的方式，保障住宅建筑在设计使用年限中能够正常使用。在此建筑规范中对设计使用年限的规定有以下几点。

3.1.5　住宅结构在规定的设计使用年限内必须具有足够的可靠性。

3.3.1　住宅的设计使用年限一般为50年。当住宅达到设计使用年限并需要继续使用时，应对其进行鉴定，并根据鉴定结论作相应处理。重大灾害（如火灾、风灾、地震等）对住宅的结构安全和使用安全造成严重影响或潜在危害，遭遇重大灾害后的住宅需要继续使用时，也应进行鉴定，并做相应处理。

6.1.1　住宅结构的设计使用年限不应少于50年，其安全等级不应低于二级。

6.1.4　住宅结构应能承受在正常建造和正常使用过程中可能发生的各种作用和环境影响。在结构设计使用年限内，住宅结构和结构构件必须满足安全性、适用性和耐久性要求。

6.1.6　邻近住宅的永久性边坡的设计使用年限，不应低于受其影响的住宅结构的设计使用年限。

但以上也仅是针对住宅类建筑的单一规定，如我国水利水电站等资源生产工程，以及桥梁工程等生活生产工程，并没有统一细致的标准。甚至许多桥梁的使用寿命还未达到设计使用年限。

而在“落实难”这个问题上，一方面，监督管理执法程序不规范。虽然我国在建筑方面出台了《中华人民共和国建筑法》《建设工程质量管理条例》等法律法规，但有关工程质量监控（回访）的实施程序还有待改进，可操作性不强，监控过程透明度差，地方保护现象普遍存在，质量监控者缺乏外在监督，影响监督工作的准确性、公正性、权威性，也容易发生徇私舞弊、滥用职权、收受贿赂等违法犯罪现象。另一方面，工程质量监控（回访）机构权责不明确。施工单位是建筑工程的承建者，虽对工程质量负有直接责任，但在工程竣工交付使用后即如释重负，管理人员也随着工程竣工而相继撤出，没有形成一套付诸实施且切实可行的回访与保修措施，加之我国层层分包现象严重，更加剧了“落实”的难度。而建设单位是建筑工程的投资者，一般不是建筑或装修的内行，不熟悉相关工程质量保修制度，在监管过程中很难做到有章可循，有法可依。因此双方常常会因工程质量保修范围和保修期限等发生争执，互相推诿，对谁维修、谁掏钱的问题各持己见，不能有效解决问题，甚至将问题演绎得复杂化。此问题在日常生活新闻的大大小小的业主与物业的纠纷中可见一斑。另外，施工的各个程序需要的专业人才程度不一，甚至对工程负直接责任的人并不了解其中标准，这也是造成质量监控落实难问题的一大原因。但是，同样是建筑工程，大半个世纪过去了，“景阳大楼”当年的设计、监理者是否还健在都未可知，但安全的责任却坚如磐石地存在着，建筑设计事务所仍对远在他国的一栋小楼的质量安全负责终身。这是值得我们思考的问题。

案例3.7

花旗银行大厦的补救工程[①]

坐落在纽约市中心曼哈顿区的花旗银行大厦是结构工程师威廉·勒曼

① 查尔斯·E. 哈里斯，迈克尔·S. 普里查德，迈克尔·J. 雷宾斯，等. 工程伦理：概念与案例［M］. 5 版. 丛杭青，沈琪，魏丽娜，等译. 杭州：浙江大学出版社，2018.

歇尔生平得意之作。在这栋大厦的结构设计中，他有三处与众不同的设计亮点：第一，巨大的脚柱并没有位于建筑物的角落，而是由一个大楼外侧的抗风支撑组成的规构架传导它的重量负载的一半及风负载；第二，对角线支撑的设计将大厦重量分散到四根分别位于大厦底部每条边的中点而不是顶点上的支柱上，工程师设计安装了一个大型的协调减震器，在油性承座上悬浮一块重达 400 吨的混凝土块，用来抵消楼群风对大厦造成的晃动；第三，第一次在高层建筑物上安装了一个可调节的质量阻尼器，用来防止建筑物在大风中摇摆。

勒曼歇尔在大厦竣工之后发现，主要结构的连接是铆焊焊接，而不是原设计要求的焊透焊接。然而，他是有信心的，毕竟这个建筑仍然超出纽约市建筑章程的要求，风以 90 度角冲击建筑物时不会对建筑物带来严重伤害。纽约市建筑章程并没有指定应使用铆焊焊接还是焊透焊接，只是规定最后的结构必须通过 90 度风的测试。

勒曼歇尔并不安于这种铆焊焊接仍然满足城市建筑规范的想法。建成一年后，他和他的学生关注到这个结构有可能承受不住从斜对角线吹来的强风引起的某些负载的问题。经过一系列的计算、咨询和实验后，他感到深深的不安：斜向风负载引起的应力超过垂直风负载的应力，其幅度远远大于由理想化的教学模型所预计的百分之四十，足以导致某些关键螺栓连接失败，使整个大楼出现倒塌的危险。这意味着：如果大厦某些部位遭遇"16 年一遇的风暴"（即这种风暴每 16 年袭击曼哈顿一次），那么大厦很可能会整体垮塌。此时，该地区就要进入飓风季节了。意识到这些的勒曼歇尔面临着一个工程伦理的困境，这涉及很多问题，比如他既要保证建筑物对用户安全的责任，也要协调他对各种经济合伙人及自己利益的责任之间的冲突。虽然建筑符合城市章程规范，但勒曼歇尔认为大厦是不安全的，修正是必要的。在这样的情况下，不能依赖章程来制定可靠的建筑标准。

最终，勒曼歇尔与他的合伙人、律师、银行经理及城市建筑部门各方达成了一个翻新改造的补救计划：通过在 200 多个螺栓结合部每处都焊上 2 英寸厚度的钢板，加固抗风支撑的要害位置，并且在结构的关键点安装上在远处监测钢所承受的实际应力的应力测量装置，以及必须安装一台应急发电机以保证阻尼器不会受影响而中断工作。花费了数百万美元的修复工程，成功地防止了更加严重的灾难的发生。

思考题

1. 如何认识城市建筑条例与监控回访之间的关系？

2. 谈谈工程师威廉·勒曼歇尔的行动对建筑使用监控（回访）制度的启示。

3. 工程师应对潜在风险的方法有哪些？

案例分析

结构工程师威廉·勒曼歇尔的设计虽然符合纽约市城市建筑章程的要求，但他在建筑建成一年后仍然关注着建筑的安全性问题，提出了自己的担忧，并及时做出了补救。从这个案例中我们需要考虑，建筑的监控回访制度与城市建筑管理条例是否存在着必然的关系呢？花旗银行大厦的建筑设计完全符合纽约市建筑章程的要求，而且在纽约市建筑章程中，并没有明确指定应使用铆焊焊接还是焊透焊接，只是规定最后的结构必须通过 90 度风的测试。但工程师勒曼歇尔却不安于现状，对建筑质量保持持续关注，当建筑已经满足城市建筑章程的时候，仍然会考虑更多因素。由此可见，建筑的监控回访制度与城市建筑管理条例之间存在着一定的责任空白，需要建筑工程师提高自身的建筑道德素养。在实际的建筑工程中，总是会存在着建筑的监控回访制度与城市建筑管理条例二者都触及不到的问题，若建筑工程师能够时刻保持良好的道德素养，就可以有效避免相关责任人在具体的制度规范中钻空子的行为。

由此可见，建筑质量的监控（回访）并不单单是一个他律的问题，更重要的是自律。尤其对于工程师来说，工程师自身需要认识到自己在工程安全质量中的责任，而不是仅仅从制度规范的角度去约束自己。国务院 2000 年颁布的《建设工程质量管理条例》中明文规定，工程设计人员“因调动工作、退休等原因离开该单位后，被发现在该单位工作期间违反国家有关建设工程质量管理规定，造成重大工程质量事故的，仍应当依法追究法律责任”。律师认为：“虽然在法律条文上，我们看不见‘建筑设计师终身责任制’字样，但《建设工程质量管理条例》实际上阐明的也就是这样一个意思。”工程师在具体的建筑设计施工过程中，不仅要做到安全第一、诚实守信，不肆意破坏规则，还要根据自身的专业知识，有效利用监控回访制度，全面考虑建筑物在未来的可能使用情况，合理预测这些科学知识的应用背景和效果，积极正视可能出现的超出预期的效应和后果，并及时告知民众，把公众的安全、健康和福利置于至高无上的地位，这是建筑工程师应当承担的社会责任。

案例3.8

北京住建委建立普通地下室重点监控名录①

2019年8月27日，人民网记者从北京市住房城乡建设委获悉，为持续推动地下空间综合整治工作，市住建委建立《普通地下室重点监控名录》制度，自7月份实施以来，已将8处普通地下室列入名录范围内。

市住建委今年8月9日发布的《北京市人民防空工程和普通地下室安全使用管理规范》（以下简称《规范》）明确，普通地下室规划的使用用途不得擅自改变，改变规划使用用途必须到有关部门办理相关手续；规划用途不是居住的普通地下室，不允许经营性住人；明确地下二层及以下，不允许用作自用性宿舍；明确擅自改变按规划用途使用的地下空间的，由规划部门依法处理。

《规范》同时要求，不得将地下空间出租给无合法有效证件、证明的单位或者个人。在地下空间内安装、使用电器产品，设计、敷设用电线路，应符合国家有关安全技术规定；人防工程通风、电气、防化等设备间平时应封闭管理，不得堆放杂物或用于人员居住，等等。

---

① 北京住建委建立普通地下室重点监控名录［EB/OL］.（2019-08-27）. http://house.people.com.cn/n1/2019/0827/c164220-31320555.html.

北京市住建委介绍，目前，普通地下室综合整治工作已进入了新阶段，工作重点由集中挂账整治向防止反弹转变。

为进一步加大管理力度，北京市住建委从今年开始建立《普通地下室重点监控名录》制度，按舆情、信访、日常反弹等不同情形移入名录，按落实效果确定监控时限，采取区级检查反馈、市级抽查的方式，有效利用有限管理资源提升管理效率。

北京市住建委表示，下一步将以“四不两直”（四不两直是指国家安全生产监督管理总局建立的安全生产暗查暗访制度，分别为“不发通知、不打招呼、不听汇报、不用陪同接待、直奔基层、直插现场”）及暗访等检查方式对《普通地下室重点监控名录》范围内的普通地下室进行抽查。

思考题

1. 探讨“四不两直”制度在建筑工程质量监控（回访）中的应用。

2. 如何通过保证制度正义的方式来提高建筑工程监控（回访）制度的有效落实？

案例分析

“四不两直”是国家安全生产监督管理总局2014年9月建立并实施的一项安全生产暗查暗访制度，也是一种工作方法，即不发通知、不打招呼、不听汇报、不用陪同接待、直奔基层、直插现场。工作程序具体包括制订方案、现场检查、通报反馈、督办整改四个步骤。其中，现场检查需要深入相关单位进行突击检查，对有关工作措施落实和现场安全生产情况、非法违法违规违章行为进行录音、摄影、摄像记录，认真填写检查记录表。对查出的重大隐患和问题，要现场作出处理决定，必要时下达相应的执法文书，依法给予行政处罚。而通报反馈是指在暗查暗访结束后，要及时向被检查单位和相关部门反馈检查情况，提出处理意见。对发现的地方政府及其有关部门存在的突出问题，要及时向上一级政府和相关部门进行通报；生产经营单位存在的重大隐患和非法、违法行为，要立即向其所在地县级以上地方政府及其安全监管、行业管理部门进行通报。最后再通过加强督办整改的方式实现质量监控的生态闭环。在建筑工程质量监控（回访）的具体操作实施中，“四不两直”制度可提供一定的启示。“四不两直”的管理制度可以在很大程度上保证相关监控管理工作和回访整改方式的有效落实，在这个层面上来说，“四不两直”的管理制度不仅可以保证监控管理责任的落实，还可以保证建筑使用者的权益得到保护。

由此可见，通过建立公平公正的制度，加强政府风险决策管理能力，可在很大程度上提高建筑工程质量监控（回访）制度的有效落实。伦理道德在制度领域所发挥的作用非常重要，一个正义的制度是社会良序发展的基础。因此，在建筑工程领域，建立正义的制度也同样是保障建筑行业良序发展的“定心丸”，尤其是在建筑使用监控（回访）制度中，工程师的自律与制度规范的他律二者有机结合显得十分重要。

建筑工程师的行为规范事关人类福祉。建筑使用监控回访制度的建立在很大程度上更加明确了建筑工程师的义务与责任，保障了公众利益。但需要注意的是，由于进行定期回访需要付出相应的人力、物力，涉及材料的保存、工程修缮的费用。因此，为避免资源的浪费，在建筑工程初期就应对整体建筑质量进行认真的考量，这对建筑工程师和企业的能力与道德提出了要求，有助于减少工程回访的工作量，降低工程修缮成本，保证整个建筑行业的良序发展。

案例拓展3.3

某公司监控回访制度

第一条　为树立公司诚信企业形象，保护建设单位、房屋建筑所有人与使用人的合法权益，根据《中华人民共和国建筑法》《建设工程质量管理条例》和《房屋建筑工程质量保修办法》，制订本规定。

第二条　凡本公司承建的建筑安装工程竣工交付后，在规定的保修范围和保修期内，因施工原因造成的质量问题，均应按本规定进行回访保修服务。

第三条　回访保修工作的责任及费用承担办法：

承包项目的土建工程回访保修工作由公司承建该工程的项目部负责；

承包项目的安装工程回访保修工作由各自承建该工程的项目部负责；

以上工程所发生的一切回访保修费，均应由原承建项目部承担。其中，若承建项目部在接到建设方、业主方的通知（或投诉）3个工作日内未进行回访保修工作的，公司技术质量部可委托公司其他项目部进行回访保修，所发生的回访保修费用应在实际发生的回访保修费用上再收取50%的管理费。

以上费用的资料形成：由公司回访保修组的回访保修管理员或安装分公司的有关回访保修管理员按工程名称、栋号、事由、人工费、材料费、机械费等分别填写清楚，交公司财务分别从责任项目部的质保金中扣除。

第四条　因回访保修工作具有周期性、集中性和特殊性，所以，若因保修工作量过大或回访保修组无法承担该工作内容时，可由公司技术质量部委派其他项目部组织维修人员进行维修，但所发生的费用应由原施工项目部承担。

第五条　公司技术质安部根据上年度的竣工工程项目情况在年初应制订本年度竣工工程回访计划，由项目部对竣工工程回访保修管理员实施回访。竣工工程在保修期内的，至少组织一次回访。在工程回访过程中据实填写《工程质量回访记录》。

第六条　在回访中若发现质量缺陷或用户提出质量要求或质量投诉时，由技术质安部在3个工作日内进行现场回访，核查现场情况，分析质量原因，提出处理意见，填写《工程保修措施》，质安部根据工程需要回访保修工程量，依据保修措施提出《材料需用计划》，经建筑主管副总经理批准后交材料部门采购。

第七条　当发生涉及结构安全或者严重影响使用功能的紧急抢修事故时，质安部相关人员应当立即到达现场采取安全防范措施，同时向公司总工程师报告，组织抢修。若需原设计单位或者具有相应资质等级的设计单位提出加固方案时，由总工程师会同建设单位与其联系，制订加固方案，质安部负责组织实施保修，并报工程质量监督机构实施监督、备案。

第八条　质安部或项目部工程回访保修管理员在进行保修工作过程中，应按《工程项目回访保修记录》的内容逐日填写并留下维修前的照片，在每项维修工作完成后，填写《工程质量回访记录》，并请用户签字认可，每月25日前交质安部存档。

第九条　质安部或项目部回访保修管理员应对所有保修过程中的工序进行监控，对保修后的质量进行检验，直至合格，并请用户签字认可。

第十条　质安部或项目部回访保修管理员按回访保修项目建立竣工工程《年度回访保修记录台账》，报综管部存档。技术质量部每半年对保修服务项目的质量问题进行分析总结后，针对多次发生质量问题的施工部位或工序对在建工程发出书面的《预防措施》。

第十一条　回访保修工程完成后，公司质安部所属的回访保修组应按时向甲方（或物业公司）签回2年保修单或5年保修单，交公司财务部，公司财务部据此向甲方收取质量保修金。

思考题

1. 此公司制订的建筑工程监控回访制度存在哪些问题？有何改进之处？

2. 如何将制度正义贯穿在具体的建筑使用监控（回访）制度中？

第四章

建筑管理职业道德案例

建筑工程的决策、设计、实施都离不开管理部门和管理人员的工作，建筑管理部门（主要包括政府、企业、组织等）管理人员的认知、价值观、态度都会直接影响建筑工程的进展和质量，因此，加强建筑管理部门和人员的道德建设也是不容忽视的。

第一节　建筑企业的管理责任

现代企业理论认为，企业不仅仅是谋求股东利润最大化的工具，它更应该是最大限度维护和实现包括股东在内的所有利益相关者利益的组织或制度安排。企业的权利来源于企业所有利益相关者的委托，而并非只是植根于股东的授予。因此，企业的经营管理者应该对企业的所有利益相关者负责，而不仅仅对股东负责；企业在谋求股东利润最大化之外，还需要维护和增进社会利益，承担企业的社会责任。

建筑企业作为为人们提供生产、生活场所的服务者，其价值观、态度和行为活动直接关系千家万户的利益，所以加强其社会责任建设显得尤为必要。改革开放以来，我国先后颁布了《中华人民共和国建筑法》《中华人民共和国合同法》《中华人民共和国招标投标法》等法律以及《建筑市场管理规定》《建筑工程施工现场管理规定》《建筑业企业资质管理规定》

《建筑工程质量管理办法》《工程建设招标投标管理办法》《中华人民共和国城乡规划法》等一系列规章制度，目的是通过法律手段规范建筑企业行为，以落实企业应该承担的社会责任。但是，一些建筑企业为了自身利益，屡屡发生钻法律漏洞、弄虚作假的现象。比如在招投标领域，有的企业将工程项目化整为零，即将达到法定强制招标限额的工程项目切割成几个小项目，每个小项目工程的造价均在规定强制招标的限额以下，以达到逃避招标的目的。还有的建设单位迫于法律的明文规定，不得不做出工程招标的姿态，但实际上却是采取虚假招标的方式，利用种种不合理、不必要的标准或条件排斥潜在投标人；所邀请的投标人只是作为陪衬，并非真心让他们投标，实质上搞的是明招暗定。有的投标人还弄虚作假，串通几个挂靠单位，以这些单位的名义进行“公开”投标，而“私下”早有安排。因为任何一个单位中标都是他们自己。[①]所以，加强建筑企业管理，完善企业社会责任，不仅需要法律规范的强制约束力，加强道德建设的软约束也是必不可少的。

案例4.1

湖南凤凰县堤溪沱江大桥垮塌特大事故[②]

1. 工程概述

堤溪沱江大桥工程是湖南省凤凰县至贵州省铜仁大兴机场凤大公路工程建设项目中一个重要的控制性工程。大桥全长328.45米，桥面宽度13米，设3%纵坡，桥型为4孔65米跨径、高度为42米等截面悬链线空腹式无铰拱桥。大桥桥墩高33米，且为连拱石拱桥。2003年6月，湖南省交通厅批准了凤大公路工程项目初步设计，并于同年12月批复了凤大公路项目开工报告。堤溪沱江大桥于2004年3月12日开工，计划工期16个月。事故发生时，大桥腹拱圈、侧墙的砌筑及拱上填料已基本完工，拆架工作接近尾声，计划于2007年8月底完成大桥建设所有工程，9月20日

① 苏顺清．加强建筑市场的法治力度初探［J］．南方经济，2000（11）：23-24.

② 张嵩．工程伦理学［M］．大连：大连理工大学出版社，2015.

竣工通车，为湘西自治州50周年庆典献礼。相关技术资料显示，堤溪沱江大桥上部构造主拱圈为等截面悬链线空腹式无铰拱，腹拱采用等截面圆弧拱。基础则奠基在弱风化泥灰或白云岩上，混凝土、石块构筑成基础，全桥未设制动墩。

2. 事故发生

2007年8月13日下午4点40分，凤凰县堤溪沱江大桥发生特大坍塌事故。从凤凰县及现场事故抢救部门采访时了解到，这座桥从开工到坍塌，期间经过近4年时间，没来得及正式命名，也没有投入使用。

3. 设计企业

设计单位湖南华罡交通规划设计研究院，前身为长沙交通学院设计研究所，拥有国家建设部颁发的公路工程设计乙级资质、国家计委颁发的工程咨询乙级资质。

4. 监理企业

监理单位湖南省交通规划勘察设计院，是具有公路、桥隧、交通工程、水运勘察设计、工程咨询、工程总承包、监理、市政公用甲级资质，建筑乙级资质的大型综合设计院。主要提供公路、桥隧、港航、建筑、岩土等专业的勘察设计、咨询和施工监理以及试验检测、仪器检测和销售等服务。下设15个生产单位，年公路勘察设计能力近1000千米。

5. 施工企业

施工单位湖南省路桥公司道路七公司是湖南路桥建设集团公司（以下简称“路桥公司”）的二级机构。湖南路桥公司拥有总承包特级企业、全国500强企业、全国交通百强企业前十八位和质量、环保、安全认证企业等诸多荣誉称号。

6. 事故分析

（1）设计企业伦理责任淡漠。

① 堤溪沱江大桥是凤凰县至大兴机场二级路的公路桥梁，按照交通部的标准，此桥属于大型桥，大桥上部构造主拱圈为等截面悬链线空腹式无铰拱，腹拱采用等截面圆弧拱。基础则奠基在弱风化泥灰或白云岩上，混凝土、石块构筑成基础，全桥未设制动墩。这是事故的设计原因。

② 大桥主拱圈砌筑材料未满足规范和设计要求，由于建筑设计工程师

没有认真贯彻执行国家《勘察设计规范及施工技术标准》，对主管工程的质量负全面技术责任。

③ 此桥为特殊结构大桥。湖南华罡交通规划设计研究院为乙级，设计资质不够。该桥至少应该由省交通设计院并具有甲级资质的单位设计，且要有国家级专家论证，才能施工。

④ 设计和地质勘查单位华罡设计院，违规将勘察项目分包给个人，地质勘察设计深度不够，现场服务和设计交底不到位。

⑤ 在设计不够精确的情况下，全部采用石头做主要材料，未设置钢筋从而降低了抗拉性，拱部的任一部分坍塌，整个拱部的平衡将会被打破而导致整体性的坍塌。

（2）监理企业只关注经济效益，忽视社会效益。

① 施工监理投标现大多以费用竞争为主，造成低价中标，是施工监理素质不高的主要原因。监理单位没有能力支付较高的工程监理工资，往往聘用缺乏资质的人员。

② 工程监理单位湖南省金衢交通咨询监理有限公司，未能制止施工单位擅自变更原主拱圈施工方案，对发现的主拱圈施工质量问题督促整改不力，在主拱圈砌筑完成但强度资料尚未测出的情况下即签字验收合格。由此可见，监理工程师未对工程质量进行有效监督，未有效履行质量责任。

（3）施工企业管理混乱，质量意识不强。

① 此工程在施工过程中，施工单位路桥公司道路七公司凤大公路堤溪沱江大桥项目经理部，擅自变更原主拱圈施工方案。

② 施工单位违规乱用料石，主拱圈施工不符合规范要求，在主拱圈未达到设计强度的情况下就开始落架施工作业。

③ 堤溪沱江大桥施工现场管理混乱，建筑管理工程师未合理安排劳动力，采用人海战术，100 余人同时拆除大桥支撑结构。

④ 在大桥未达到设计强度时，施工单位提前安排拆出了桥梁支撑结构，导致大桥失稳垮塌。建筑施工企业未按照工程设计图纸和施工技术标准施工。

⑤ 施工单位忽视工程质量，偷工减料，所用条石不按规定打“天地坐”，砂浆配合比不合要求。

(4) 建设企业项目管理混乱，漠视法律。

建设单位湘西自治州凤大公路建设有限责任公司，项目管理混乱，发现施工质量问题后未认真督促施工单位整改，未经设计单位同意擅自与施工单位变更原主拱圈设计施工方案，盲目倒排工期赶进度，越权指挥，甚至要求监理不要上桥检查。建筑法规定建设单位不得以任何理由，要求建筑设计单位或者建筑施工企业在工程设计或者施工作业中，违反法律、行政法规和建筑工程质量、安全标准，降低工程质量。

(5) 政府监管不力，强制压缩工期。

① 湖南省湘西州交通质量监督部门对大桥工程的质量监管严重失职。

② 湘西自治州、凤凰县两级政府及湖南省有关部门对工程建设立项审批、招投标、质量和安全生产等方面的工作监管不力。州政府为向"州庆"50周年献礼，违反施工程序，强制压缩合理工期。

思考题

1. 我们该如何理解"建筑工程是系统的社会性活动"?
2. 建筑相关企业应该怎样履行对建筑工程的伦理责任?

案例分析

任何一项建筑工程都不可能由一家建筑企业单独完成，它需要规划、开发、设计、施工、监理等各个建筑相关企业的相互配合，所以，它是一项复杂的系统的社会性活动。在处理和政府、企业、客户、员工、公众的道德关系中，建筑开发企业、建筑设计企业、建筑施工企业、建筑监理企业都需要根据企业自身特点及所承担的社会责任分别遵循与之相应的道德原则和规范。

不同类型的建筑企业在为国家、社会、个人提供建筑产品的过程中，会产生这样或那样的利益矛盾和冲突。企业应该坚持利益最优化原则，即在企业、社会、同行利益之间找到一个最佳结合点，实现社会效益、经济效益的双赢。而不应该只顾企业自身的利益最大化，不顾国家、社会公众的利益，最后导致自身的损失甚至破产。

案例4.2

山河建筑集团安徽工程有限公司行贿案①

随着巢湖市重点局原局长丁传圣受贿获刑，山河建筑集团安徽工程有限公司（下称“山河集团安徽公司”）也浮出了水面。日前，合肥包河区检察院以单位行贿罪对山河集团安徽公司、公司执行董事褚某某提起了公诉。据了解，这家公司和褚某某涉嫌向丁传圣和合肥另一家机关单位的部门负责人胡道发行贿。其中，向胡道发行贿的50万元，是因该公司遭举报而采取的灭火之举。

1. 为拿工程3次行贿30万元

检方指控，2013年3月，吴某（另案处理）挂靠山河集团安徽公司，先后以山河建筑集团名义投标巢湖裕溪河畔一标段、新港雅居三期工程项目并中标。

2013年4月，工程预中标公示期间，丁传圣带队到湖北武汉山河建筑集团公司考察该公司的资质、业绩。为了顺利通过考察签订合同，褚某某送给丁传圣10万元现金。2013年5月，褚某某为感谢丁传圣在考察过程中的关照，又送了10万元。2013年6月，山河建筑集团、山河建筑集团安徽公司共同和业主单位巢湖市重点局签订了两个工程的施工合同。2014年春节前，为感谢丁传圣在其承接工程时的关照，褚某某第三次送给丁传圣10万元。

2. 为了灭火一口气砸50万元

检方还指控，2014年3月份，山河集团安徽公司预中标庐江“军二路”第四合同段工程项目，被他人举报到主管部门，反映该公司在投标时所提交的施工业绩作假。随后，褚某某委托吴某帮忙找人解决，并约定费

---

① 预中标后遭举报砸50万灭火　建筑企业涉嫌单位行贿被公诉［EB/OL］.（2015-09-26）. http：//ah. anhuinews. com/system/2015/09/26/006967634. shtml.

用由褚某某承担。随后，吴某通过朋友送给主管单位监督处处长胡道发 50 万元现金。褚某某的灭火之举颇有成效。记者在山河建设集团有限公司的网站中查询的一则材料显示，2014 年 10 月 15 日，庐江县有关领导曾参观“军二路”项目四标段并召开现场会议。当时，褚某某代表山河集团安徽公司做了工作汇报，承诺确保工程按时竣工。

思考题

1. 建筑企业向政府人员行贿会带来哪些不良社会影响？
2. 建筑企业与政府之间的道德关系应该是怎样的？

案例分析

在我国各级政府管理部门的努力下，我国的建筑市场整体上是积极健康的，但是也有不少建筑企业不遵守相关法律规定，甚至和政府人员串通，做出很多违法违规，损害国家、人民利益的行为。建筑房地产领域腐败问题、行贿问题，势必会造成企业间的不公平竞争，还会使得政府公信力丧失、建筑质量受影响。

建筑相关企业应该遵循公平、公正、公开的基本道德原则，合理处理好与政府之间的道德关系。建筑企业和政府的共同目标是维护广大人民群众和国家的利益不受损害。作为企业，应该通过加强企业自律建设，包括企业制度伦理建设、企业伦理文化建设，树立贿赂可耻、良性竞争、社会担当的道德观念等。作为政府，其基本职责应该包括：推出相关职业道德准则，制定相关的法律法规以及各项制度，监督企业认真遵守相关法律法规和道德规范，并对违反相关规定的企业予以惩戒，为形成保证市场正常运行和企业合理竞争的环境而保驾护航。

改革开放以来，特别是加入 WTO 以后，建筑企业职业道德建设也被提到了议事日程。各种专业性法规被公认为是整个建筑行业职业道德建设的基础性工程，而得到不断创新、不断丰富、不断完善。住房和城乡建设部多次修订的《中华人民共和国建筑法》就是最突出的例子，其最早是经

1997年1月1日第八届全国人大常委会第28次会议通过，自1998年3月1日起施行。2004年，为了与国际接轨，对《中华人民共和国建筑法》再次进行修订，其指导思想包括：① 符合社会主义市场经济的要求。严格界定并履行政府职能；对政府投资工程和非政府投资工程采用不同的方式进行管理；按照市场经济的运行规则确定发承包方式；通过立法促进市场机制的建设。② 符合加入WTO和全球经济一体化的要求。考虑内外资企业准入和市场规则的一致性；考虑与国际建筑市场交易方式和规则接轨。③ 与相关法律相适应。严格遵守宪法，与行政许可法等相关法律相适应，提高法律制定质量；减少原则性的规定，增加法律的有效性和可操作性。④ 贯彻落实十六大和十六届三中全会精神。根据“五个统筹”（统筹城乡发展、统筹区域发展、统筹经济社会发展、统筹人与自然和谐发展、统筹国内发展和对外开放）的要求，体现科学发展观的精神和可持续发展的要求，增强《中华人民共和国建筑法》的统一性、权威性和严肃性。①

案例拓展4.1

北京建筑企业行贿将被逐出市场②

建筑企业行贿将被“拉黑”曝光，入黑名单企业将被逐出北京市场。昨天，市十三届人大常委会第三十四次会议审议市政府“加强建筑工程质量监管体系建设”议案办理暨本市建筑工程质量监管体系建设情况的报告。报告还指出，本市保障房要建立关键岗位人员质量终身负责制。

80多位代表在今年年初的市人代会上提出关于加强建筑工程质量监管体系建设的4件议案，就法规建设、建筑市场、招投标、企业资质、建筑材料、质量监督、人员培训等方面提出了17条建议和意见，后合并为“加强建筑工程质量监管体系建设”议案交由市政府办理。

---

① 黄愉华．对建筑业职业道德伦理建设的思考与研究——以建筑工程施工组织设计的编制方法及应用为例［J］．企业科技与发展，2013（6）：22-25.

② 建筑企业行贿将被逐出北京市场［EB/OL］．（2012-07-28）．http：//www.chinanews.com/house/2012/07-28/4065213.shtml.

副市长陈刚在作报告时表示，目前本市正处于城市建设的快速发展阶段，去年城市房屋建筑规模达到1.8亿平方米，达到历史新高。目前在施轨道交通线路11条计196公里，且近年来随着奥运工程、轨道交通工程等“高精尖”工程和超高层、大跨度、结构复杂工程的增多，工程质量面临着巨大的风险和挑战，监管难度明显增大。

陈刚提到，将以保障房、轨道交通项目和老旧小区改造项目为重点，加强工程质量日常监管力度，对重点工程、重点企业、重点领域的违法违规行为将依法从重从严处罚。

其中，对保障房工程除了实行工程实体质量第三方检验、政府监督抽检制度外，还将对关键岗位人员实行“质量终身负责制”；对轨道交通主要抓好安全评估工作和质量控制体系；老旧小区改造重点抓住设计、施工、验收等关键环节，确保工程质量。

释疑

如何建立黑名单制度？

一府两院合建行贿黑名单

陈刚称，将探索建立政府、法院、检察院联系沟通制度，对行贿企业建立黑名单制度，及时向社会公开，并清出本市建筑市场。

陈刚在作报告时表示，本市计划改革资质管理制度，加大市场清出力度，将以资质资格准入向资质资格准入和信用准入并重转变。

如何处罚“不规矩”的企业？

销售劣质材料将被究刑责

陈刚指出，本市将研究建立建筑业法律法规与刑法等相关法律法规相衔接的制度，并推动行政处罚由主要处罚企业向处罚企业和处罚责任人并重转变。对涉嫌合同欺诈的虚假招标、生产或销售假冒伪劣建筑材料的企业，严肃追究相关责任人的刑事责任，提高违法成本。造成重大质量安全事故的企业和个人将被依法清出市场。

针对第三方的建材检测机构面临“被收买”的问题，本市计划建立检测机构资质预审制度和市场准入清出制度，检测单位如提供虚假检测报告将被一票否决，直接清出市场。

案例4.3

地基①

工程师克里斯·克莱（Chris Clay）经营着一家土木工程公司，他以价格低廉的优势在市场竞争中占有一席之地。克里斯的公司为几家大型开发商服务，而这几家大型开发商坚持要求地基成本低。他们到处寻找建造地基成本最低的工程公司。成本较低的地基意味着使用较少的钢筋和混凝土。

不论土壤或地质条件如何，克里斯都与开发商签订相同的标准的建筑合同。克里斯从一位没有执照的初级工程师那里得知，现场勘察显示，自己公司建造的一些地基有问题，在其上盖的房屋内外出现了很大的裂缝。居住的居民非常生气，正考虑诉诸法律。

在一次法律讨论会上，克里斯得知，如果混凝土地基的设计不符合可接受的标准，那么公司将难辞其咎，并要对造成的伤害承担法律责任。

克里斯知道，一些工程师主张采纳特殊的地基设计标准，它通常依据实际的土壤和地质条件来设计厚重的地基。地基设计符合工程力学，但这意味着地基的成本将会增加许多。事实上，州注册委员会在要求工程师履行设计标准方面并不严格，通常先有一个真正令人反省的案件之后，标准才会起作用。克里斯也知道，州注册委员会的成员是党派任命的，他们会受到民选官员所施加的影响。

思考题

1. 克里斯应该支持对地基设计标准的修订和完善吗？虽然这意味着成本的提高，但这能更好地保障建筑物基础的安全。

2. 在克里斯的公司还没有因为它的工作而遭遇法律责任之前，它是否

---

① 查尔斯·E. 哈里斯，迈克尔·S. 普里查德，迈克尔·J. 雷宾斯，等. 工程伦理：概念与案例［M］. 5版. 丛杭青，沈琪，魏丽娜，等译. 杭州：浙江大学出版社，2018.

有正当的理由反对建立地质勘测、实验室检验或土壤板块运动模式的标准（而不是仅仅依赖“工程师的判断”）？

案例分析

古罗马建筑师和工程师维特鲁威在《建筑十书》中提出了建筑的三要素：实用、坚固、美观，也就是说坚固、安全是建筑之所以成为一座建筑所必须具备的基本内容之一。如今，很多国家的建筑工程师协会等相关组织都把“公众的安全、健康和福利放在首要位置”写入工程伦理纲领中，如美国土木工程师协会（ASCE）、日本电气工程师协会、德国工程师协会等。所谓“首要位置”，就是指建筑企业和管理者在面临本公司利益与涉及公众安全、健康和福利的选择时，其伦理责任要求它必须将公众的利益置于首要的地位。作为一个建筑企业，不应该只关注本公司利益而忽视其他利益相关者的利益，忽视建筑安全可能对他人和社会造成恶劣影响。所以，作为公司的负责人，克里斯应该支持对地基设计标准的修订和完善，其公司没有正当理由反对建立地质勘测、实验室检验或土壤板块运动模式的标准。

案例4.4

武汉景明楼事件①

《中国青年报》等杂志曾报道发生在武汉市鄱阳街53号的景明大楼的一件事，说的是由英国一家建筑设计事务所设计的景明大楼，它是一幢于1917年建成的6层楼房，为优秀历史建筑，目前仍坚固完好。然而在1999年初时，也即“景明大楼”在漫漫岁月中度过了80多个春秋后，它的设计者却远隔万里，给该楼的业主寄来了一封挂号信，信中写道：“景

① 秦红岭．建筑的伦理意蕴——建筑伦理学引论［M］．北京：中国建筑工业出版社，2006.

明大楼为本建筑设计事务所承建，设计年限为 80 年，现已超期服役，敬请业主注意。”

谁曾想到这份函竟是来自远隔万里的英国，一家设计单位在经历了漫长的 82 年之后，至今仍念念不忘他们在 20 世纪初在长江和汉水河畔设计的一幢大楼。

在此楼办公的武汉市政协委员周兆兴介绍说，英方设计单位的来函告知景明大楼的设计年限为 80 年，现已超期服役了 2 年，声明此后出现任何安全事故都与该公司无关。

思考题

1. 英方设计单位的来函为何会产生轰动效应？
2. 英国设计公司的行为遵循了什么样的伦理准则？

案例分析

建筑工程项目不仅是一项复杂的系统工程，同时它也是一项需要长时间进行维护的长期工程。每一个建筑工程项目都有其建筑生命周期，从最早的规划到施工、落成及后期管理的全过程就是建筑工程生命周期。一个完整的建筑工程项目需要经过很多的步骤，包括立项、规划、征地、勘察、设计、环评、施工、装修、后续维护等，建筑企业作为建筑项目的主要实施主体，对建筑的整个生命周期负有不可推卸的责任。然而，在现实生活中，经常会出现重建设、轻维护的现象。景明大楼事件之所以会引起轰动也从一个侧面说明我们的建筑企业在建筑使用过程中的后期维护方面还做得很不够。英国的这家建筑设计公司就是严格遵循了建筑安全的伦理准则和规范，并且把这一伦理规范贯彻到底，这既体现了一种人道主义精神，同时也说明该建筑公司在制度、管理等方面有比较完善的具体措施以保障建筑伦理规范的真正实施。

第二节 建筑与权力

任何一项建筑活动的计划、设计、实施、验收等各个环节都与各级地方政府、相关建筑行政部门科学、有效、公正合理的管理是分不开的。这就要求各级政府和各类建筑行政部门一方面要依据我国的建筑职业道德规范和建筑法律法规对城市规划、建筑设计履行管理、监督等职责，同时还应该从国家民族的建筑文化战略等层次不断提升自身的道德修养和觉悟，促进作为百年大计的建筑事业的长期可持续发展。

案例4.5

建筑设计的权力之殇[①]

甘肃某城市一项公共景观设计经过了多轮讨论筛选选出了方案，施工单位和材料已经进场，但只因一把手看了不喜欢就废除原决定更换设计和更换施工单位。浙江某市会展中心已结束投标评选，但后来有某外国建筑师补送上方案且效果图受到领导青睐，遂决定原评选作废直接选用该方案。江南某市文化中心邀请六家设计单位投标，事先就告诉大家评选都有按评选结果的顺序的保底费，但最后选用哪个要另外由领导定。有大量的案例显示部分热心的领导人不事先看图纸而是在施工过程中去感受，然后充满信心地提出修改。

山东省某城市新区标志性建筑方案招投标现场，该市领导作为业主方，在整个招投标专家评审已结束、中标方案已产生之时，根据个人喜好推选另一设计单位现场讲述另一方案，并确定该方案为最终中标方案。暂且不论“中标方案”与“最终中标方案”孰优孰劣，我国当下招投标中业主方的强大权力如何凌驾于程序之上及如何抹去招投标的公正性可见一斑。

① 当代中国建筑设计现状与发展课题研究组．当代中国建筑设计现状与发展［M］．南京：东南大学出版社，2014.

国家大剧院的整个投标过程历时1年4个月，经过了三轮评审，结果还是备受争议。招投标过程中所反映出来的问题仍然具有很强的代表性。国家大剧院的前两次招投标是比较公开透明的，但是到了第三轮，原有的游戏规则被打破。虽然《国家大剧院》一书中并未提到国家大剧院的第三轮方案，而是用了第二轮方案的“三次修改”来描述整个过程，但是必须承认的事实是，业主委员会自行组织了对方案的“三次修改”。第二轮竞标中的11位评委只剩下了吴良镛等5位，另行增加了7位，由吴良镛担任组长。第二轮竞标中一直明确反对安德鲁当时的方案的中外评委都出局了，除此之外，艺术委员会和工艺专家组也由业主委员会自行认定。在这次方案的修改中，并未组建评委会，也就是说，专家组相当于前几轮中仅有审查权没有投票权的技术委员会，在这个技术委员会中，建筑师和技术专家仅占少数，无论从哪个方面来说，都无法影响最终的结果。1999年5月，业主委员会决定采纳安德鲁的方案，并且提请领导小组同意。1999年7月22日，中央确定了安德鲁的方案作为中标方案。因此，《国家大剧院建筑设计国际竞赛方案集》中提到的第二轮竞标结束后的“三次修改”都是在没有评委会的状态中进行的，之后部分评委会成员组成了前文中不具备投票权的专家组。业主委员会完成了由组织方到裁判的职责转换。这样的操作是不符合招投标的一般规律的，这也是后期国家大剧院引起争议的原因之一。

思考题

1. 城市规划、建筑设计方案受领导权力影响的因素主要有哪些？

2. 政府领导者应该如何正确履行对建筑设计、城市规划方案的管理职责？

案例分析

首先，各级政府主管领导和建筑行政部门主管应该带头严格遵守我国的相关法律法规，不应该以个人好恶随意干涉招投标程序、任意更改城市、建筑设计方案。从目前发生的政府权力决策的案例来看，我国相当多的政府领导法治意识淡薄，对城乡规划的认识局限于“纸上画画、墙上挂挂”，经常从政治角度或是个人喜好角度等来左右建设项目的实施，而不是以法治和科学为原则来做出规划与建筑方案决策。不少地方政府的领导人违法干预规划审批，随意改变规划；一些重大项目的选址没有通过科学论证，置公共安全于不顾，没有执行法定的规划选址程序，擅自开工建设，造成无法挽回的损失；还有一些规划主管部门负责人有法不依、执法不严、以言代法、私改规划、擅自修改用地性质，为自身谋取利益；很多官员在政府投资建设项目中追求新、奇、大等效果，并将一些个人喜好强加给设计师等。①

其次，各级相关行政领导干部应该努力改变“权力至上”的错误观念，尊重建筑师等专业人员的设计方案，积极听取和采纳专家、公众的意见和建议，从国家和民族建筑文化长远发展的战略目标着眼，努力树立民主意识和服务社会发展的大局意识。现实中，由于领导者自视权力无边，对城市和建筑设计有最后决定权，也造成了投标变成投机的乱象。一些投标者努力揣度领导的心思，尽量使建筑设计夸张一些、炫一些，因为这样往往容易中标。这种投机的心态，一方面会导致建筑行业设计价值观的偏离，造成城市建设的巨大浪费和建筑质量的低劣；另一方面也会对中国特色的建筑文化的形成产生非常不利的影响。

案例拓展4.2

唯领导喜好是瞻②

江苏某市新区某标志性建筑在投标中有境外建筑师参加，而他们来华后的第一件事就是询问相关领导在设计方面的喜好，并在设计中追求夸张

① 当代中国建筑设计现状与发展课题研究组．当代中国建筑设计现状与发展［M］．南京：东南大学出版社，2014.

② 当代中国建筑设计现状与发展课题研究组．当代中国建筑设计现状与发展［M］．南京：东南大学出版社，2014.

刺激的效果，其最终的方案无视任务书中对建筑限高、容积率、建筑密度等指标的具体规定，与周边的城市环境也并不协调，但仍在分管市领导的坚持下中标，并责令规划局修改任务书及规划要点。

这种无标准的投标不仅扩大了设计成本，而且也导致一些人使用不正当的手段来获取项目，而那些看透了投标无序的设计单位，则用最小的代价拿下标底费的办法来应付，使得高手竞争变成了一场游戏。

安徽某城市的一个项目由浙江人投资，投资者受到政府欢迎，参加投标的某设计单位揣测该城市由于盼望投资会降低门槛，故设计方案对投资者的愿望处处照顾，而对城市需求置之不理，在评审过程中也一路顺畅。但到了最后一刻，市领导人表示该方案不符合政府要求，不适合选用，因而这份投标方案最终“寿终正寝”，投入的资金和人力全部浪费。

一些工程中还出现过投标方案改过去又改回来的领导指示。例如，上海国际会议中心（1999）除了方案投标体现了建筑师的构思，到后来一轮一轮的修改都有一种提线木偶般的机械式操作。工程的设计已经完全失控。有关专家评论实际建成的连（建筑师）10%的想法都没有实现①。

案例4.6

四川大剧院：网络公示前大局已定②

四川大剧院于2012年将两套概念设计方案向市民公开，公示一个月以征集意见，市民可通过电话投票、网络投票和现场投票三种方式参与。然而，公示网站上也赫然指出：该两套设计方案（方案一与方案二）在公示前广泛征求建筑设计、美学专家以及成都市规划管理局部分专家意见后，经成都市城乡建设规划委员会主任会议评审，已确定方案一为入选方案，方案二为备选方案。也就是说，在网络公示前大局已定，公众参与完

---

① 李武英，彭谏．一波三折双珠落盘——评上海国际会议中心［J］．时代建筑，2000（1）：29-33.

② 当代中国建筑设计现状与发展课题研究组．当代中国建筑设计现状与发展［M］．南京：东南大学出版社，2014.

全成为走过场，对决策毫无影响力。相比之下，国外的公众参与往往能落到实处，如贝聿铭设计卢浮宫扩建工程时，他的玻璃金字塔方案受到各方非议，为此贝聿铭不得不接受专家、公众等各方意见，不断对方案进行修改，最终方案通过。

思考题

1. 探讨公众参与城市规划和建筑设计的必要性。
2. 如何提升建筑设计和规划的公众参与度？

案例分析

由于不同的审美观和其他不同的考虑，领导的意见可能与专家的意见相左，这时较好的解决方法应该是进行广泛的沟通交流后再行决策，使公众参与不浮于表面。总体而言，我国城市规划和公共工程决策中公众参与的程度相当低，仅限于网络公示投票等简单方式，未建成一套完整可行的公众参与机制以调动广大市民公众的参与热情，从而也不能对方案决策起到应有的影响与监督作用，公众参与基本上处于“非参与”或“形式性参与”的初级水平。

提升建筑设计和规划的公众参与度，首先，需要规划者具有全局观和整体意识。其次，需要公众树立积极主动的社会责任意识。按照社群主义的观点，社群价值目标的实现需要懂得规范的好公民，更需要拥有德性的好人，因此，公民教育的重点应该是道德教育。再次，需要公众具有参与城市规划的奉献意识。目前我国的公众参与还处在比较低层次的水平，出现的很多公众参与的案例也多属于这样的情况，即“只有到了生活不方便时才呼吁一下，反映一下，以期得到有关部门的重视和解决，从而形成了关切到自身利益的事务参与多，公共利益方面参与少的局面”[①]。公众普遍

① 赵秀敏，葛坚．城市公共空间规划与设计中的公众参与问题［J］．城市规划，2004（1）：69-72.

缺乏公益心和奉献精神，“事不关己，高高挂起”“搭便车”等心理严重制约了公众参与城市规划的深入进行。所以，必须大力宣扬和培育公民的奉献精神才能真正提升公众参与城市规划和建设的层次和水平。

案例4.7

权力干预下的招投标乱象[①]

某市在进行当地市民广场和博物馆设计的时候，第一轮采用邀标的方式选取了一家国内的设计单位进行设计，产生中标单位后，该市领导认为应该由国外的建筑事务所进行设计，才能体现其档次，不得不宣布废标，对第一轮的中标单位给予高额赔偿。第二轮选出的中标者的方案最后还是不能满足甲方的需求，又一次产生废标，每家投标单位除了标底费之外也得到了相应的高额赔偿。最终政府决定采用委托的方式进行设计。其实，该市前两轮的方案未必不好，甚至可能优于委托方的设计，但是因为不符合领导人的未纳入招标文件的要求最终作废，政府不得不支付高额的标底费和违约赔偿，这造成国家财政的极大浪费。

某省会城市举办了一个新城区的城市设计方案的国际招投标，邀请了八家单位参加，其中包括五家国际著名建筑师事务所和三家国内知名设计机构。招投标的设计要求中除了要设计一个好的城市设计方案以外，还要设计方提供城市四大文化建筑的建筑设计方案（图书馆、博物馆、美术馆和演艺中心）。经过专家评审，最终选出了优胜方案，但该市领导对该方案并不满意，要求修改。在经过了多轮修改后，专家评审会选出优胜方案，但国外设计机构拒绝修改。于是，该项目进行第二轮招标，可领导还是不满意。整个招投标过程耗费了大量人力、物力和财力。

① 当代中国建筑设计现状与发展课题研究组．当代中国建筑设计现状与发展［M］．南京：东南大学出版社，2014.

思考题

1. 从以上案例可以看出，政府领导对城市规划和建筑设计的不当干预会造成哪些不良后果？

2. 如何改变权力对建筑设计和规划的过度干预？

案例分析

政府相关领导对建筑规划与设计的不当干涉会造成很多不良后果。

一是权力决策的非科学性会大大影响政府的公信力。由于领导特权的泛滥和献礼工程的各种实践带来的寻租等问题的普遍化和严重化，使得科学决策变得异常艰难。

二是由于一些领导过分迷信洋建筑师，推崇洋建筑式样，这对树立民族文化自觉、文化自信产生了不良影响。不少城市将在重要招标中邀请国外建筑师参加作为显示国际水准的标志。目前一些国内举办的国际性竞赛项目，往往通过对参赛设计单位进行筛选，使得国内设计单位所剩无几，大部分由国外设计事务所或者联合体作为参赛主体，这说明政府在大型项目的定位和决策时有一种明显的对国外建筑师盲目认同的心态。事实是无论中外，具备创新才能的建筑师总是少数，而能够创新又能结合项目所在地的地理、历史、人文环境及现实需求做好设计的建筑师更是少数。中国建筑师比国外建筑师经历了更多的设计实践的磨炼，他们担起创新任务的可信度至少不比国外建筑师差。

三是由于领导决策的随意性和出尔反尔的态度，往往会使招投标一改再改，从而给国家造成巨大经济损失。

案例拓展4.3

以所谓“全球经验”打造[①]

据记载，数年前香港聘用洋人以“全球经验”打造中区警署活化计划方案，然而，因外方没有全盘考虑建筑物的历史、文化和社会意义而偏重它的经济功能，活化后建筑商用面积达54%，这彻底改变了原建筑群的形态。设计也没有顾及原来的文化景观和环境机理，反对声一片——这种无视当地人文的规划，自然不得人心，方案最终被取消了。

第三节　建筑与廉政

建筑工程管理人员按照建筑设计、建造、验收等程序划分，包括建筑规划与设计管理人员、建筑开发管理人员、建筑施工管理人员、建筑监理管理人员等。建筑工程管理人员的职业道德是关系建筑工程质量和人民群众生命财产安全的重要因素。建筑工程管理人员应该遵守爱国守法、诚实守信、敬业奉献的基本道德规范，努力提升自己的质量意识、责任意识、服务意识和奉献意识。

案例4.8

一位初级工程师的道德困惑[②]

西戈是一位MCD的初级工程师。他作为一位项目经理人为V.K.建造者工作，当他被问到是否意识到从承包商那里接受佣金是不道德的和非法的行为，是否有负罪感和害怕会因为受贿而被逮捕时，他袒露心扉，说了下面的话：

---

① 罗庆鸿．城市规划不要迷信“洋”公司［N］．南方周末，2012-09-03.

② 戴维·J.夏普．企业道德案例［M］．李成军，李玉峰，译．上海：上海人民出版社，2008.

我知道根据法律，接受佣金是非法的，但收受贿赂是我必须做的事。我没有能力或自由改变在这个部门的做事方式，经过这些年以后，我意识到一个人唯一的自由就是自由思考。除那之外，一个人没有自由。他不可能决定自己想做什么。他总要被历史、情感和物质环境所限制。

在我年轻时，我强烈相信这样的事没有妥协，如同在食品和毒品之间一样，是绝对不可以妥协的，在商业和道德之间也应该没有妥协。但看看你的周围，你会发现，在大家的生活中，他们每天都必须做无数次妥协。我们看见政客们只不过是一个没有原则的推销员，我们看到科学家从事没有人性的实验，有人主张做出牺牲而不求回报，有人沉溺于快乐主义而不讲良知。找到有知识、有能力的人并不难，但这些有知识的人却可能不会正确运用他们的知识为他们自己和社会造福，因为他们缺少人品。这就是我们生活中的社会，这就是社会告诉我们的什么是道德的和什么是不道德的。接受这个社会的影响，并遵照这个社会而制定的人生路线的人会走得更远；其他人没有选择，除非去浪费生命。他们无法赢得他们希望得到的事情，也没有打算通过谈判获得点什么。结果，在你所谓的“道德”社会里，没有什么比不成功的天才更普遍了。

道德是一个非常强硬的词，其中的深意是很多人所不能了解的。在许多情况下，他们所做的太微弱了，以至于不能将其保持下去。他们放弃战斗并且生活在罪恶、痛苦和不可靠的世界里。

人们说各自行动是“道德”或“不道德”的，却不问他们行为的动机，只是单一地看他们带来的是有利的还是有害的结果。他们倾向于忽略这些必须明确的问题，相信善恶是固有的，而不问因果关系——也就是说，认为结果就是起因。然后人们得出行动是道德的或不道德的，并且本身也认为道德是模棱两可的。人们不再对所谓的道德或不道德达成一致，不再根据个人的动机，而是根据个人之外的整个人类的本质来判断。所谓的“政府官员”的腐败正是使用同样的逻辑。

道德一词仅仅用于形容感觉，无论人们是称赞还是嘲笑。对于人们来讲，道德只不过是对历史风俗的顺从。这是我们判断人们道德不道德的基准。如果他们遵守我们建立的准则和风俗，他们就有品格；否则，他们就被指责是不道德的。因为他所做的事是按照自己意愿而做，而不是取决于传统或风俗，这样一个自由人在所有的情况下都是不道德的。

我们称某人道德或是伪君子，却没有了解二者的含义。我们把这些标签贴在人们身上，因为它使得我们容易去辨认他们。当我们认为，只要这些标签是适当的，我们就可以与他们做生意。真相是，在世界任何地方都不存在我们所说的纯粹道德。我们在不同的环境下用不同的方式来维护我们的利益。有时候我们的行动像一头狮子，而其他时候我们更像狐狸。

我有一个A级土木工程师证书，这些证明不足以让我得到这份让我心仪已久的工作。我的父亲必须在幕后支付12万美元，我才能得到这个工作，为此抵押了我们的房子，因为我的父亲即便是砸锅卖铁也不可能拿出这么一大笔钱。如果我不走后门，我的工作就会提供给其他愿意支付金钱的人。世界将继续，而我将被世界抛弃。在通过这种方式之后，我得到了这个工作，我觉得必须尽快清偿我们家的债务。以我的低得可怜的薪金，我不可能做到这些。所以，我接受贿款。我选择接受贿款，不是因为我想要肆无忌惮地变得更富有，而是清除所负担的债务。这就是我的主要目标和动机。

如果您以表面来判断我，你大概会说我是不道德的。如果你设法了解起因和影响，可能你将形成一个不同的观点。我没有自由，我没有选择。如果我是单独一人，或许我会挑战这个系统。现在，我有很多家人，承担不起对抗世俗的风险。在手段方面，我是一位现实主义者，在结果方面，我又是个理想主义者。我是这个系统中的奴隶，但不是这个社会和传统的奴隶。所以，我收受贿赂，没有任何罪恶感、痛苦和恐惧。

思考题

1. 您是否遇到过类似的职业道德困境？
2. 您认为案例中的主人公如此看待自己的行为是否合理？
3. 您认为如何对一个人的职业行为进行道德评价？

案例分析

建筑工程管理人员作为建筑工程决策、设计、施工等阶段的主要参与者，对建筑工程质量负有不可推卸的伦理责任。建筑工程管理者的工程管理行为，直接影响建筑工程质量的好坏，而建筑工程产品最终是要进入消费环节实现其价值的，所以工程管理活动不仅对施工现场产生作用和影响，还对建筑产品的最终使用者，即消费者和社会公众产生影响。社会责任在建筑工程管理过程中显得尤为重要。现代工程伦理准则要求把公众责任放在首位。

无论建筑管理人员自身有何种理由，如果其行为本身有可能对建筑工程质量造成影响或安全隐患，他都将受到道德约束和法律制裁。对建筑工程管理者来说，收受承包商等人的贿赂虽然不一定直接导致工程质量受损，但无疑对建筑工程质量有可能带来负面影响，所以，案例中的项目经理人接受贿赂的行为必须受到道德谴责和法律严惩。

案例中的项目经理对自身的受贿行为并未感到愧疚、懊悔，因为他认为自己受贿是为家庭成员考虑，是对家庭成员负责任的表现，这一方面说明他对自己的行为进行道德评价时，关注更多的是行为的动机而忽视了行为的后果。他认为出于为家庭减轻负担的动机而进行的受贿行为就是可以不被追究的，这明显违反了对人们的行为进行道德评价时应该坚持动机与效果相统一的原则。只有联系动机看效果，透过效果看动机，才能真正公正地评价人们的道德行为。另一方面，该项目经理的自我辩解也说明其在面对道德问题时存在自我迷失行为。其行为选择表面看起来是对家庭负责与对社会负责两种道德原则与规范之间的矛盾导致，而实际上却是其本人对受贿行为本身的错误认识导致的，因为他错误地认为只有受贿才能实现其对家庭成员的道德关怀，事实上其对家庭成员负责任并不必然要求通过受贿的行为才能实现，所以受贿行为的失范和违法之处就在于，它一方面会损害公众和社会的利益，同时也会妨碍受贿者对家庭尽责。

案例4.9

清华附中工地坍塌牵出受贿案[①]

2014 年 12 月 29 日，清华附中在建体育馆及宿舍楼工地脚手架坍塌，事故共造成 10 人死亡、4 人受伤。相关部门事故调查报告显示，导致本次事故发生的主要原因为未按照施工方案要求堆放物料，施工时违反《钢筋工程施工方案》规定，将整捆钢筋直接堆放在上层钢筋网上，导致马凳立筋失稳，产生过大的水平位移，进而引起立筋上、下焊接处断裂，致使基础底板钢筋整体坍塌；未按照方案要求制作和布置马凳。

1）15 人因事故责任获刑

2015 年底，海淀法院一审进行了宣判，北京建工一建工程建设有限公司和创分公司清华附中项目商务经理杨泽中等 15 人因重大责任事故罪被分别判处 3 年至 6 年不等的有期徒刑。杨泽中等 3 人被抓后，又揭发清华大学基建规划处工程师苏某受贿。近日，海淀法院一审以受贿罪判处苏某有期徒刑 6 个月，缓刑一年。

2）收了 5.7 万元红木家具

今年 60 岁的苏某是北京市人，案发前是清华大学基建规划处职工，因涉嫌犯受贿罪，于 2015 年 6 月 4 日被取保候审。

法院经审理查明，2014 年 7 月至 2014 年 12 月，苏某在担任清华附中体育馆及宿舍楼项目土建专业工程师期间，利用职务上的便利，为承包方提供帮助，收受北京建工一建工程建设有限公司和创分公司清华附中项目商务经理杨泽中、执行经理王京立给予的价值总计人民币 6000 元的购物卡，收受杨泽中为其购买的价值总计 57000 元的家具。

2014 年 12 月 29 日，清华附中体育馆及宿舍楼项目事故发生后，苏某为掩饰犯罪向杨泽中退还家具款 57000 元。2015 年 6 月 4 日，苏某经电话传唤到案，其到案后如实供述了上述犯罪事实，并退缴涉案钱款 5000 元；在法院审理期间，苏某退交赃款 1000 元。

---

① 李铁柱．清华附中工地坍塌牵出受贿案 事故导致 10 人死亡 原清华基建处一工程师被揭发受贿获刑［N］．北京青年报，2016-10-08.

3）被判刑半年缓刑一年

据了解，苏某的落马缘于被举报。在清华附中工地脚手架坍塌案中，项目负责人杨泽中、王京立、王英雄到案后，均揭发了清华大学基建规划处工程师苏某受贿一套价值人民币5万余元的红木家具的犯罪事实。

在庭审中，苏某对检察院指控的事实与罪名没有提出实质性异议。他的辩护律师认为，苏某犯罪后能自动投案，并如实供认自己罪行，具有自首情节；且积极退缴了涉案全部赃款，真诚悔罪，提请法庭对其从宽处罚。

法院认为，苏某身为国家工作人员，利用职务上的便利，非法收受他人的财物，数额较大，为他人谋取利益，其行为已构成受贿罪，应予惩处。法院以苏某犯受贿罪，判处其有期徒刑6个月，缓刑1年，罚金人民币10万元。

思考题

1. 建筑管理人员收受贿赂与建筑工程质量之间的关系是怎样的？
2. 建筑管理领域腐败现象频发的原因是什么？
3. 如何提升建筑管理人员的伦理责任意识？

案例分析

从该案例来看，建筑管理人员收受现金、礼物等各种好处表面看与建筑事故的发生并非直接关系，但是建筑管理者如果把个人私利看得比工程质量更重，无法抵御金钱物欲的诱惑，对建筑工程的管理就很难做到尽心竭力、秉公办事。近些年发生的建筑工程事故，很多经过追查都发现与管理人员腐败有密切关系，“大楼盖起来，干部倒下去”的案例时有发生。

建筑管理活动作为建筑生产过程中的重要环节，存在资金密集、涉及面广、人员复杂等特点，这就为建筑管理活动的规范性提出了更高的要求。目前，导致我国建筑管理领域腐败现象频发的伦理因素主要有两个：一是建筑管理活动主体的道德自律机制缺失；二是建筑管理活动主体的他律机制不完善。建筑管理活动主体的道德自律，表现为建筑管理活动主体根据自己的善良意志和良知良心、为追求道德本身的目的和社会效益最优而自觉遵守践行伦理原则和道德规范的活动。由于过分追逐金钱利益的不良社会风气的影响和建筑伦理教育的缺失等原因，使得不少建筑管理从业人员在面对巨大的利益诱惑时表现出道德意志薄弱、伦理责任意识淡漠等问题。建筑管理活动主体的他律机制不完善，主要表现在建筑伦理原则与规范、建筑管理制度、建筑管理程序、建筑法律法规等外在的监督与评价模式方面不健全。我国目前虽然也颁布了不少规范建筑活动的法律法规，但可操作性不强，道德规范由于缺乏相应的制度伦理及伦理调控机制从而难以发挥对建筑管理活动的内在指导、规范和激励等作用。

提升建筑管理人员的伦理责任意识，需要从加强建筑伦理教育、完善对建筑管理活动主体的外在约束机制等方面着手。建筑伦理教育，不应仅仅是对建筑管理人员进行建筑职业道德规范的简单灌输，而应该是在对建筑职业精神和价值的深入解读基础上使建筑管理活动主体真正认识到建筑活动的终极价值和目标，从而提升建筑管理人员的责任意识、良心意识、规范意识和奉献意识等。除了通过伦理教育等方式完善建筑活动主体的自律机制之外，通过完善政策法规体系、建立健全信用评价体系、完善奖惩制度、健全公众参与机制和舆论监督机制等构建对建筑活动主体的外在约束机制也是不可缺少的方面。

案例4.10

规划局局长“规划”牢狱人生①

2005 年 1 月 28 日，青岛市原规划局局长张志光（见图 4-1）曾经无限风光的好日子走到了头，死刑、缓期两年执行的判决让他多少有些出乎预料：在规划局局长的位置上，他做梦也没有想到，自己的后半生要在牢狱中度过。

---

① 回顾青岛原规划局长腐败路：任职三年受贿 860 万元［EB/OL］.（2005-02-24）. http：//news. sina. com. cn/o/2005-02-24/12395191797s. shtml.

图 4-1 青岛市原规划局局长因巨额受贿接受法律惩罚

（图片来源：http：//news. sina. com. cn/o/2005-02-24/12395191797s. shtml）

1）高容积率的高“回报”

众所周知，房屋容积率直接关系到开发商的钱袋子，据说，容积率提高1个百分点，开发商的利润就可以增加10个百分点。所以，一些精明的开发商为了千方百计提高容积率，把张志光作为可以保佑自己发财的“财神爷”。

2002年，张志光任青岛市规划局局长期间，青岛一家房地产有限公司在青岛市市北区科技街开发建设住宅小区项目。为提高这一项目的容积率，多建住房，公司向青岛市规划局申请提高容积率，未获批准。第二年初，公司总经理夏某某经朋友介绍认识了张志光的表弟赵某某，让其找张志光关照此事，并答应事成后送给张志光200万元人民币，这一住宅项目的智能化工程也让赵某某承揽。此后，赵某某果然为夏的项目去找张志光说情。几个月后，张志光大笔一挥，批准了这一住宅项目申请提高容积率的报告。

事后，夏某某果不食言，将给张志光的200万元以支票的形式通过其工程合作伙伴的公司转到了赵某某个人的公司账上。为了从账上看不出毛病，他们与赵某某签订了两份假的智能化安装合同，把行贿的200万元记在工程款中入账。之后，赵某某来到张志光家中，告诉张志光：夏给的200万元都已到账。张志光考虑到赵从中帮了忙，便让赵自己留下40万元，自己拿了160万元。

2）巨额现金一一笑纳

许多房地产开发商为了使自己的项目能得到张志光的关照而大笔行贿，张志光收受钱款后，则会程度不同地在建设规划手续的审批上给其帮忙。张志光的胃口大得惊人，大宗的房产、巨额的现金一一笑纳，而且面不改色心不跳。

2002年初至2003年5月，张志光为山东一家置业有限公司谋取房地产项目建设、规划手续审批方面的利益，先后4次收受公司总经理傅某某送的美元6万元、人民币100万元，共计折合人民币149万余元。2001年八九月份，张志光为青岛某置业有限公司谋取销售办公楼方面的利益，收受公司总经理刘某某用133万元购买的住房一套。

3）收受他人财物上百次

仔细查看张志光受贿一览表可以发现，在他任职不到三年的时间里，就收受他人财物上百次，总额高达860余万元，可谓日进万金。

此案的公诉人周鹏介绍说，青岛市的开发商先后有40多人通过不同的方式主动向张志光行贿，这些人正是看中了张志光的贪婪、对金钱的奢望和手中炙手可热的权力，他们在“不送钱物不好办事，送比不送好，送多比送少好”思想支配下，把能给张志光送上钱物视为一种“荣耀”和“本事”，把向他行贿作为捞取好处的灵丹妙药。

张志光在这些房地产商的推波助澜下，在犯罪的泥潭中越陷越深，罪行越加严重。案发后，虽然检察机关对他犯罪的赃款赃物全部扣押，但他给社会和人们造成的影响和危害却长期难以挽回。济南市中级人民法院一审认为，张志光受贿数额特别巨大，情节特别严重，应当依法惩处；鉴于其归案后，如实供述了司法机关没有掌握的受贿犯罪较重的犯罪事实，其受贿的赃款已全部追回，认罪态度较好，有悔罪表现，依法可对其判处死刑，不立即执行。

4）批租案中重要角色

2004年，青岛市崂山区土地批租案作为国土资源部首批公布的5起土地案件之一，引起社会极大关注。

2005年初，青岛市崂山区土地批租案相关责任人相继受到法庭审判。原青岛市市长助理王雁受贿496万余元，被判处死刑缓期两年执行；原崂山区国土资源局局长于志军受贿539万余元，被判处有期徒刑15年。而身为规划局局长的张志光在崂山区土地批租中无疑扮演了一个十分重要的角色。

5）金钱面前败下阵来

20世纪90年代以后，各种冠名为“××花园”“××海岸”“××世纪”等诱人名目的高档住宅在青岛拔地而起，与之相对应的是，一批房地产开发商靠吃国有土地发家，成为几亿、几十亿的富翁。

作为相应的回报，开发商在土地规划、审批、办理用地手续等各个环节，自然要付出多少不等的“投资”。大到大宗房产，小到几万元的购物卡，用金钱开路，或用朋友亲情铺垫，成为开发商无往不胜的武器。而在金钱面前，张志光、王雁、于志军等人纷纷败下阵来。

6）法官说案

公诉人周鹏：在巨大诱惑面前，张志光最终走上了犯罪道路。

济南市中级人民法院刑二庭庭长刘丕法介绍说，从张志光、王雁、于志军等人受贿犯罪的事实来看，受贿数额巨大是一个共同的特点。张志光在三年时间内“日进万金”，一次受贿就高达100多万元，住房、汽车等贵重物品也有房地产商拱手相送。受贿数额越来越大，受贿人胃口越来越大，是当前职务犯罪的一个明显趋势。

根据检察机关查证，张志光的犯罪从2000年11月就已开始。早在2001年国务院就下发了《关于整理土地秩序》等的通告，严禁在土地开发、使用中存在任何违法犯罪行为。2002年最高人民法院、最高人民检察院在严惩受贿犯罪的同时又联合下发了严惩行贿犯罪的通知，但张志光认为给他送钱送物的人，都是有求于他的，对他应该表示感谢才对，谁还会揭发他呢。

于是，他变本加厉，贪婪的胃口越来越大，收受他人财物数额年年上升。

据此案公诉人周鹏介绍，张志光在几十年的工作生涯中，胸前挂满了荣誉的光环，特别是担任青岛市规划局局长以来，连续受到青岛市委、市政府、山东省建设厅、国家建设部的表彰奖励，他创建的“阳光规划”被规划部推为典范在全国规划系统学习，应当说，他确实做了一些有益的工作，但是在巨大的诱惑面前，他最终走上了犯罪道路。

7）案件回放

青岛市原规划局局长张志光受贿案于 2005 年 1 月 26 日在济南市中级人民法院一审判决。张志光因受贿 860 余万元被判处死刑缓期两年执行，剥夺政治权利终身，并处没收个人财产人民币 13 万元及部分物品。

张志光，1958 年 4 月出生。经法院审理查明：张志光于 2000 年 11 月至 2003 年 10 月担任青岛市规划局副局长、局长期间，利用职务之便，为有关单位和个人在房地产项目建设规划手续的审批等方面谋取利益，先后 96 次非法收受 38 个单位和个人送给的人民币、美元、银行卡、购物卡、笔记本电脑等财物，共计折合人民币 860 余万元，是山东省 1949 年以来检察机关查处的受贿数额最大的厅局级领导干部职务犯罪案件。

思考题

1. 政府官员的腐败行为对建筑业的发展会造成哪些不良影响？
2. 建筑行政管理机关和人员的伦理责任包括哪些？

案例分析

政府规划建设部门相关官员的腐败行为对国家、社会和广大人民的利益都具有非常严重的不良影响。首先，它严重影响政府的公信力，并可能诱发政府的信任危机。其次，它破坏了市场的公平公正性，对企业参与正常竞争产生非常不良的影响。最后，它对保障和维护人民的居住权利产生恶劣影响。

建筑行政管理机关即政府部门作为建筑、城市规划工程的主要参与主体，不仅是建筑工程伦理责任的倡导者，也是建筑工程伦理责任的实践者。建筑工程行政管理机关和人员应该在全社会树立良好形象，营造舆论，唤起工程共同体的责任感，同时必须言行一致，做敢于承担责任的典范。作为建筑工程伦理责任主体，政府及其人员对建筑工程的质量、安全、建筑市场的公平公正、人居权利的保障等负有不可推卸的伦理责任。

案例4.11

李江福：把工地打造成“诚信学校”①

在闻名全国的“林州建筑界”中，有一位农民工从搬砖和泥做起，秉承着“红旗渠精神”做人做事，先后带着14万名乡亲进入城市，成为承担多个工程的项目经理，却从没有拖欠过一名工人的工资，从没有一起工程质量投诉，并使其项目工地成为“诚信学校”。他就是被评为第五届全国诚实守信道德模范的河南新城建设有限公司项目经理李江福。

在建筑业摸爬滚打出来的李江福深知工程质量的重要性，他曾向社会承诺“绝不建豆腐渣工程”。带着这句诺言，30年来，他所承建的1000多项工程中有160多个项目获评国家优质工程，从未接到一起工程质量投诉。

濮阳市职业技术学院行政办公楼就是李江福的得意之作。这项工程曾经获得河南省工程质量最高奖——中州杯。施工过程中，李江福发现框架填充墙砌体的砂浆标号偏低，立即要求返工。施工员认为框架填充墙不是承重构架，就劝老李：“现场监理也没发现这个问题，已经砌好的五道墙就别再返工了。”

“监理没有发现我们就可以马虎过关吗?”李江福听后十分生气，“我们对业主承诺百年大计，质量第一，就要处处严格要求自己，对得起自己的良心。”最终，五道墙全部拆除返工重建。

建设单位支付工程款往往年终才能到位，但李江福发工资不这样。用他的话说，“无论什么情况，我都要保证每年春节前把工资送到工人手上”。遇到个别业主拖欠工程款的情况，老李也会想尽办法，不惜卖房子、

① 李江福：把工地打造成“诚信学校”［EB/OL］.（2015-10-28）.http：//acftu.people.com.cn/n/2015/1028/c67502-27748500.html.

贷款，赶在春节前把工资发放到位。2007 年，李江福承建一项工程，由于开发商拖欠工程款，眼看春节临近，还有 100 多万元的农民工工资没有着落。有人劝他，过了年再把农民工的工资补上。李江福不同意，坚持抵押了自家房产，贷款给农民工按时发放了工资。

2011 年，与他合作多年的包工头杨志强突然患病去世，面对许多没有书面凭证和未结算的项目款，李江福仔细盘点后将 96 万元工程尾款亲手交给杨志强的妻子。

李江福从事建筑业以来，恪守职业道德，严格遵守合同，认真履行承诺，由他负责的工程项目没有拖欠过工人一分钱工资，也没有发生过一起质量纠纷。

这次获评全国道德模范，这个喝着红旗渠水长大的山里娃想的是，如何才能在干好本分事情的基础上把“诚信”二字践行得更好，做一辈子好人，用实际行动把自己的人生擦亮，把“人”字写好，同时带动影响更多人讲诚信，重承诺。

思考题

1. 李江福对施工工程从不允许偷工减料，质量不合格的工序坚决返工重来。这反映了李江福在建筑工程管理中具有一种什么意识？

2. 李江福的道德实践活动带给我们哪些有益的启示？

案例分析

该案例反映出李江福严格把守工程质量关的强烈的责任意识。责任意识是建筑管理活动主体从事建筑活动必须具备的首要道德品质，它要求活动主体必须以对公众、对社会、对子孙后代以及生态环境绝对负责任的态度去对待建筑管理活动。

责任意识的培养需要伦理责任教育的大力跟进。伦理责任教育需要从道德认知、道德情感和道德修养等几个方面对建筑活动主体进行理性的指导和情感的升华。在道德认知层面，需要把责任教育和人格教育进行有机结合，从而使责任意识建立在更加厚重的人格基础之上；在道德情感培育方面，通过大量实例的展示，激发人们的共情意识，从而提升活动主体的责任感；在道德修养方面，可以通过加强中国传统优秀道德文化教育、借鉴其他优秀文明成果等方式，提升建筑管理活动主体的道德境界，从而达到培育和强化其责任意识的目的。

案例拓展4.4

全国诚实守信模范：丁新民事迹①

丁新民，男，汉族，1950 年 8 月生，中共党员，内蒙古自治区鄂尔多斯市东方路桥集团党委书记、董事长。

十几年来，丁新民秉承“用心做事，以诚待人，立信兴业”的经营理念，带领东方路桥不断发展壮大，取得了建筑业一级资质证书，获得了“凡是东方路桥承建的工程，质检部门一律免检”的信誉。

1997 年，他创办了以修路架桥为主业的东方路桥集团。他在内蒙古第一次采用 BOT 模式，高质量、高速度地修建了伊煤外运的主干道——包府公路东杨段。为了确保工程质量，他实行了“工程施工实名制”，各个标段全部用项目经理的名字命名，谁的路段出了问题谁负责。东杨路被评为“优良工程”。

丁新民承诺：“东方路桥承建的所有道路都要比国家标准高一个等级，三级路要按二级路干，二级路按一级路干，一级路按高速路干，高速路按样板路干。”1999 年，公司承建东胜区杭南路，按国家部颁标准已完全合格。但他发现部分路面平整度不够，影响外观质量，当即决定砸烂重修，对相关责任人予以处罚，保证了企业信誉。

丁新民一诺千金。2002 年 8 月，东方路桥承建神华集团煤液化项目中的场平工程。对方要求在 30 天内必须完成，开工之前先交 300 万元保证金。丁新民说：“我交 600 万，到期完不了工，我分文不要，回头走人！”

---

① 全国诚实守信模范：候选人丁新民事迹［EB/OL］.（2011-05-25）. http：//kejiao. cntv. cn/program/2011ddmf/20110525/100712. shtml.

为了确保工期，丁新民在施工一线亲自指挥、亲自调度，连生日都是在工棚里吃着方便面度过的。最终，提前4天拿下了这项工程。东方路桥从此被誉为“草原上的筑路铁军”。

丁新民对员工有诺必践。他说：“在东方路桥，我们不单要让几百名正式员工成为有产者，而且要让民工们也逐步成为有产者。”他为员工盖起了户均120平方米的住宅楼，使500多户员工搬进了新居。他给道班工人专门盖了住宅楼，使长年累月工作在荒郊野外的养路工们住上了楼房，享受到了集团发展带来的实惠。他还采取帮助贷款的方式，使450多名员工拥有了私人小汽车。在内部分配上，他坚持全员持股，坚持人本大于资本，实行按劳取酬，员工的收入以每年10%以上的速度递增。

丁新民荣获全国劳动模范、全国道德模范提名奖、中华慈善事业突出贡献人物等荣誉称号。

案例拓展4.5

建筑行业女标兵①

在建筑业，企业的当家人大多是男性，而从业者也多数为男性，在这样一个行业中，葛汝英却以其独特的“铁腕”和非凡的智慧撑起了一片天——把一个原特困国有建筑企业改制成生机勃勃的现代企业，企业产值十年间增长6倍；在她的带领下，德建集团的工程质量创出国家、省市优良奖；她本人也荣获德州市“模范党员”、山东省“优秀女企业家”和“三八红旗手”、山东省“齐鲁巾帼十杰”等多项荣誉称号。

进入20世纪90年代以后，由于管理体制落后等多种原因，山东德建集团陷入亏损近3000万元的特困境地，企业濒临破产。此时，具有30年施工管理经验的葛汝英临危受命出任德建集团总经理。

面对濒临破产的企业，面对领导员工们的信任，葛汝英只有一个信念：让企业“活”过来，让职工们有饭吃！

---

①　建筑行业女标兵［EB/OL］．（2012-01-04）．http：//wenku. baidu. com/view/44f99cd3c1c708a1284a44a1. html.

从她上任第一天，她便带领班子成员深入基层调研，多次召开座谈会。进行了一系列周密的工作部署后，葛汝英制定出科学合理的改制方案。这项改制在计划经济向市场经济转轨时，是一件很艰苦的工作，再加上员工们的思想转变不过来，配合方面出现很大的问题。面对困难，葛汝英一遍又一遍地给员工做工作。在这期间，她几乎天天吃住在企业。员工们被葛汝英的精神感动了，也明白了她的用心良苦，德建集团顺利过渡，彻底转换了企业经营机制，公司重新焕发了生机和活力。

步入正轨后的德建集团呈现出良性发展势头，在葛汝英的带领下，德建集团重新树起了“质量”与“诚信”的大旗。“只要我们承诺的，就一定要兑现”，这是她常挂在嘴边的话——2001 年德州市委、市政府 10 件实事之一的德州一中教学楼工程，在全体员工的努力下，160 天教学楼就顺利交工；德州市新百货大楼是德州市重点工程，定额工期一年，葛汝英亲自协调调度，最后仅用 6 个月就顺利竣工……近几年德建集团承建了大批德州市重点工程、形象工程，均获国家、省、市优良工程奖，其中城市会展中心被收入《中国二十世纪代表工程》书刊。

“铁娘子”葛汝英不仅有她女强人的一面，也有她女性细腻的感情。青年职工苏建民的孩子患有脑瘫，葛汝英一次性为孩子筹款 3 万元，并亲自去医院看孩子；公司有个职工得了白血病，主动要求离岗，葛汝英知道后不仅报销了他的所有医疗费，还一次性补给他 10 万元；针对来德建集团工作的大学生，葛汝英亲批两栋大学生公寓，彻底解决了大学生的后顾之忧……

案例4.12

田广良：让每一所房子都物有所值[①]

一位业内颇有建树的人说过：“只要拥有把事情做好的愿望，我们每个人都是匠人。匠人的首要特征是，专注于提高质量，提供优秀的作品。

---

① 倪凤友．让每一所房子都物有所值——专访北京韩建集团党委书记、董事长田广良［N］．中国房地产报，2016-01-04.

不是木匠、铁匠才是匠，我们房地产开发商也是匠。”

用匠人精神做产品，是开发企业应有的追求。“让每一套住房都物有所值、价位合理，是韩建地产的经营理念。”北京韩建集团党委书记、董事长田广良在接受专访时如此说。他认为：“二次创业，使韩建集团多年的建筑施工经验和房地产开发结合起来，优势得到了最大程度的发挥，走出了一条‘以房地产业为龙头，以建筑施工和工业项目为龙身，以三产为依托’的独特之路。”

田广良强调：“诚信与质量是韩建地产品牌的核心，而质量更是企业的良心。共同富裕是韩建地产持续发展的大义之基，同样也是不可复制的。”

1）二次创业：优势变成效益

(1) Q：韩建集团自实施二次创业以来，开创了地产、施工、管业和金融四大产业并驾齐驱的新格局。作为集团龙头的韩建地产有怎样的作为？

田广良：2006年，中央实施新一轮房地产调控，房地产市场进入有序化发展。我们审时度势，开始了“以房地产开发为龙头”的二次创业发展。道理很简单，韩建集团具有多年的建筑施工经验，如果和房地产开发结合起来，优势必定得到最大程度的发挥。集团要求各工程处、工程队，只要有好的房地产开发项目，就要志在必得。要敢于抓住时机，干自己的开发项目。用自己的建筑队进行开发，可以大大降低企业经营的成本，提高企业经营效益。只要抓好一两个开发项目，就可以赢得做若干个建筑施工项目才能赢得的利润份额。

我们先后开发了金贸大厦、瑞雪春堂、富水良、富囍良等代表性的项目。金贸大厦项目位于西城区西直门外大街，是集5A级写字楼、总部办公楼、行政公馆、服务式公寓、精品商业街为一体的建筑综合体，建筑面积20万平方米，2011年12月已入住。

瑞雪春堂项目位于良乡新城中央，总建筑面积51万平方米，属大型宜居社区，分四期开发建设，入住率达到85%，形成了一万多人的大型社区。在这里建立了社区居委会，住在这里的业主，幸福指数很高。

我们地产的整体布局是立足北京，向周边延伸，在有条件的情况下，再从市场拿一至两块地进行开发建设。另外，我们还参与了韩村河镇的镇域规划建设开发。再过几年，我们韩村河也会大变样，变成整齐划一的新型城镇。

（2）Q：住建部对房屋的工程质量十分关注，并在全国开展了“工程质量治理两年行动”。韩建地产在抓房屋工程质量方面，有哪些独到的措施？

田广良：我们的地产开发有自己的模式，既追求经济效益，更追求质量和服务。我们在建设的时候，站在业主的角度想问题，让质量好一点再好一点，让业主入住后不会后悔。

韩建集团始终坚持和强调：质量是企业的良心，是企业的生命。确保质量合格，不但是每一项工程的出发点，也是每一项工程的落脚点。要在设计、施工、原材料购买、装修等各个环节严格把关，不能有丝毫的懈怠。韩建集团把“创优质工程”作为集团始终如一的工程标准之一，坚持实施“建筑质量终身制”。

我们坚持筛选好的施工队，甲、乙双方的合作协议，双方的权、责、利，特别是奖惩条款，既清楚明白，又具有很强的可操作性。一旦发现弄虚作假、违规违约，必当场纠正。对那些偷工减料并屡教不改的，严肃处理，绝不手软。

我们严把材料关。韩建集团在项目施工中采用“清包工”的方式，组建专门的工程材料部，负责进料，严把质量关、价格关，不但为公司节省了原材料费用，大幅度降低了成本，而且保证了质量。韩建集团坚持聘用思想端正、铁面无私、认真负责、一丝不苟的监理员。依靠他们娴熟的业务技能，敢于挑剔的工作态度，杜绝质量隐患，确保工程质量。

透明施工是韩建集团赢得客户信赖、保证质量安全的重要一招。在韩建的项目中，凡是交了购房预付款的住户可以派出代表，组成质量监督小组到施工现场开展质量监督。公司还主动邀请客户到工地监督，无论哪一位客户都可以提出自己的建议，这项制度贯彻至今。客户代表亲眼看到施工监理员们比自己还认真、还内行，能严格管理，规范施工，他们也就放心了。

(3) Q：你如何认知韩建地产品牌现状？打造韩建地产品牌，集团有哪些具体行动？

田广良：集团坚持“面向全国、稳中求进、改革创新、做好做久”的发展战略和目标，激励干部职工大力发扬“良好心态、业绩突出、协调配合、赢得市场”的工作理念，培育韩建地产的企业精神。

我们全面加强企业的项目管理、质量管理、财务管理、制度管理，不断提高企业经营管理水平。用事业发展吸引人才、激励人才、留住人才，不拘一格选拔人才，不断加强人才队伍建设。我们坚持走共同富裕道路，共建共享、村企共同发展。坚持韩建集团的事业发展到哪里，基层党组织建设就能抓到哪里。激发韩建地产、韩建管业、韩建施工、韩建金融、韩建旅游协同发展的产业活力。

2) 共同富裕：持续发展的大义之基

(1) Q：二次创业使韩建地产脱颖而出，也推动了韩村河村美丽乡村建设新发展，韩村河村成为基础设施完备、公益设施完善、各项产业蓬勃发展、村民安居乐业的生态型花园式美丽乡村。在推动韩村河美丽乡村建设方面，韩建集团有怎样的体会？

田广良：“一定要让乡亲们过上好日子”，是老书记田雄在高中毕业刚回生产队时就立下的誓言，也是韩建集团几十年创业发展、走共同富裕道路的座右铭。老书记说的好日子，是与时俱进的好日子，就是始终让乡亲们过中国农村一流的日子，领跑中国农民的幸福生活。2006 年以来，韩村河村村民的生活水平不断提高，年人均收入加福利达到 5 万余元；韩村河村的设施农业几次进行更新改造，不但为村民提供了多种多样的绿色蔬菜，还为村里旅游提供了很好的景观；韩村河村村民的居住设施不断更新改造，先后实施了锅炉改造和煤改电工程，彻底改变了村民传统的生活环境；韩村河村的环境设施不断优化，绿化美化、公园改造，全村的生态环境不断优化。

韩村河村的美丽乡村建设不断提升了村民的幸福指数，也得到了中央部委和社会各界的肯定，荣获了由中国生态文化协会颁发的“全国生态文化村”称号，并被农业部确定为全国“美丽乡村”创建试点乡村，被中央电视台评为“中国十大最美乡村”。

（2）Q：你如何认知北京房地产现状？对北京房地产市场有怎样的预期？

田广良：住有所居，是老百姓所期盼的，现在的问题是发展不均衡。大城市的房地产发展有它的趋势性，二三线城市看到房地产业的蓬勃发展也在积极响应，大干快跑，在速度上是惊人的，在数量上也是惊人的，却没有很好地进行城市规划。我想中国的房地产业要统筹发展、均衡发展，而不是要限制发展。

目前北京的定位非常清楚，就是和谐宜居城市。京津冀协同发展战略、新型城镇化建设、“普遍二孩”政策以及北京的积分落户政策，使北京房地产市场面临着前所未有的发展机遇，特别是京西南，房地产行业将长期受益。

3）后记：地产之外

因着韩村河村发展集体经济、走共同富裕道路的机缘，韩建集团趟出了一条“以房地产业为龙头，以建筑施工和工业项目为龙身，以三产为依托”的前行之路。正如田广良所言，韩建地产的持续发展之路是不可复制的，它更多地生长着极具韩村河村特色的一种名叫“共同富裕”的基因。而当这种基因表现在房地产开发项目之中时，更多地则以“质量”与“诚信”展示给每一位业主。个人以为，这是一种大义的延续与升华。

喜爱摄影的田广良，让我感受到一份自然的儒雅与谦和；而从公务员岗位辞职、毅然肩负起韩建集团管理工作的田广良，则让我体会到他血液里独有的那份勇气与担当。

思考题

1. 作为一名建筑开发企业的管理者，田广良带领其韩建集团秉持“让每一套住房都物有所值”的经营理念，以工匠精神打造出众多质量过硬的建筑产品。何谓工匠精神？

2. 结合该案例谈谈如何以工匠精神提升建筑管理者的道德水平？

案例分析

工匠一般是指从事器物制作的人。工匠精神狭义是指工匠身上所具有的追求精益求精的精神和价值理念。在中国文化中体现为："道技合一"的职业理想、"精益求精"的职业素养、"乐勤专一"的职业态度、"求美尚巧"的创新精神。在西方文化中集中体现为追求完美与极致的理念。如今，工匠精神不仅指工匠所应具备的职业态度与品质，它已经渗透到各个职业领域中。作为建筑产品生产过程中的重要环节，建筑管理过程对建筑工程的质量具有至关重要的作用。所以，建筑管理人员只有自觉发扬工匠精神、提升职业伦理素质才能适应我国现代化建设的发展步伐。

加强对建筑管理者工匠精神的培育，首先，应该加强对建筑管理者的伦理道德教育，使之树立正确的职业理想和价值目标。建筑管理者与其他从业者相比，面临更多金钱和利益的诱惑，如果没有正确的价值观引导，将很容易滑向道德失范甚至违法犯罪的深渊。工匠精神将引导建筑管理者充分认识到自己的职业终极关怀，即为社会和大众建造宜居、宜业的房屋而不是个人获得无比丰厚的物质利益。其次，加大对优秀建筑管理者的宣传，使更多建筑管理人员自觉向建筑领域的众多道德榜样学习，努力提升个人的职业素养。最后，建立工匠精神的伦理教育常态化机制，避免"一阵风"和"走过场"等现象。

第五章

城市规划职业道德案例

从伦理道德的角度来考虑城市规划，让城市规划师能够遵守基本的职业道德规范，才能正确地处理城市规划过程中发生的诸多问题，不损伤现有城市的文化底蕴和人文价值，考虑不同利益群体的正义分配，预防和避免城市规划对未来的社会造成的负面影响，最终把人类普遍幸福的实现作为城市规划的终极指向。

第一节　建筑与城市规划的关系

研究城市规划必然离不开建筑，对城市规划职业道德的研究首先需要正确认识建筑与城市规划的关系。在第一章中，我们已经了解了“建筑”的具体含义和功能，认为建筑是一种运用一定的技术对自然界进行改造的活动，同时也是指该活动所形成的满足人们身体和精神需要的物质环境本身。什么是城市规划呢？《简明不列颠百科全书》中将城市规划定义为：“为了实现社会和经济方面的合理目标，对城市建筑物、街道公园、公用设施，以及城市物质环境的其他部分所作的安排，是为塑造或改善城市环境而进行的一种社会活动，一项政府职能，或一门专业技术，或者是这三者的融合。”[①]《城市规划基本术语标准》（GB/T 50280—1998）中将城市规划界定为：“对一定时期内城市的经济和社会发展、土地利用、空间布局以及各项建设的综合部署、具体安排和实施管理”。这一定义主要是从我国城市规划师的职能范围上来界定的，而非从属性上回答“城市规划是什么”。在我国出台的政策文件中也有关于城市规划的定义。《城市规划编制办法》（建设部令第 146 号）中对城市规划作出了以下阐述：城市规划是城市空间资源的调控、城乡发展与建设的指导、社会公平的维护、公共安全以及公共利益的保证，这使得城乡规划工作必将有一个质的改变，这关系到社会利益的调节和分配，不再仅仅是物质空间规划那么简单。中国城市规划学会秘书长石楠在此基础上对城市规划做了更加详细的阐释。他认为，城市规划是一项政府对于城市发展进行引导、控制的职能，体现了政府对于城市发展过程中的一系列重大问题的具体安排，是政府对于城市开发建设过程的具体管制；城市规划是一种作为专业人员的职业实践，城市规划是一门科学，也是一项专业技术，通过城市规划师这一职业群体的劳动，对于城市未来的目标进行科学预测，对城市发展中遇到的一系列矛盾加以综合协调，例如，合理的城乡规划有利于调节城乡社会空间资源配置中的不同群体，协调各方面矛盾；城市规划是一项社会参与的公共活动，作为居住和工作在城市里的每一个市民都会对城市发展产生重大影响。[②] 石楠认为，城市规划本质上是一种以一定价值目标和价值判断为前提的选择活动，通常面临的是公平与效率两种价值的抉择。由此可见，城市规划与伦理学具有内在的联系。秦红岭也在宏观上从多个层面对城市规划做了详细的解释。她认为，城市规划是一种自然科学和工程技术的城市规划，是一种政府职能或公共政策，是一种社会活动和政治过程，是一种艺术形态，更是一种伦理实践。正如亚里士多德所说：“一切技术，一切规划以及一切实践和选择，都是以某种善为目标。”

可见，城市规划所涉及的领域极广，总的来说，具有综合性、政策

① 简明不列颠百科全书编审委员会．简明不列颠百科全书（第二卷）［M］．北京：中国大百科全书出版社，1985.

② 邵益生，石楠，等．中国城市发展问题观察［M］．北京：中国建筑工业出版社，2006.

性、超前性、长期性、科学性等基本特点。不可否认的是，城市规划必然应追求善的目标，即通过改善城市环境和生活质量帮助人们过上好的生活，因为城市规划必然要考虑人与人、人与自然、人与社会之间的关系，关注人的多样性需求、人性化空间的设置、公共资源的配置、人的审美教育、城市认同感等问题。城市规划不仅仅是一个以建筑物为载体为公民提供实际需求和便利的实践活动，在价值层面，城市规划更是潜移默化地影响和改变着人们的生活方式、风俗习惯、秩序感和审美观等。

建筑与城市规划的关系问题只考虑理论上的阐述是不够的，我们可从下面这个案例中进一步了解建筑与城市规划在实际生活中的相互联系。

案例5.1

“短命建筑”与城市规划①

1月4日下午，广西南宁天桃实验学校荣和校区，一栋刚建好还没有交付使用的教学楼被拆除，这引发社会对“短命建筑”的关注。

其实在国内，类似的“短命建筑”并不少见。去年11月15日，从未投入使用的118米高的环球西安中心金花办公大楼被爆破拆除，被网友称为“中国第一爆”。紧接着，12月9日，媒体又爆出尚未完工的天津水岸银座超高商业楼盘的拆除计划，刷新了“中国第一拆”。

“短命建筑”的最大危害就是造成了经济浪费。据中国建筑科学研究院2014年发布的《建筑拆除管理政策研究》报告推算，近年来，每年过早拆除建筑面积或达到4.6亿平方米。有媒体粗略估计，如果按照每平方米拆除费用1000元人民币计算，则每年建筑过早拆除要花费4600亿元人民币。

另据报道，高118米、总建筑面积37290平方米的环球西安中心金花办公大楼爆破时楼内安装了1.4吨的定制炸药和1.2万枚雷管，大楼在10秒内顷刻倒塌。此楼自1999年封顶后从未投入使用，爆破后“腾起的粉

---

① 张茜，曾晨雨．揭秘“短命建筑”：一些地方政府受利益驱动导致［N］．中国青年报，2016-01-07.

尘扩散了一个街区”，“建筑垃圾 20 多米高，堆了两三个足球场大的地方”。

显然，“短命建筑”频现，浪费惊人，暴露出的正是城市建设规划的短板，它显现出当前一些地方在城市建设规划方面依然目光短浅，缺乏规划的科学性和严肃性。要看到，一段时期以来，国内一些城市在建设上大兴攀比之风，有些地方打着“改善投资环境”“改变城市面貌”的幌子，不顾城市自身实力和需求，盲目翻新，重复建设，人为缩短建筑寿命。《建筑拆除管理政策研究》就显示，“十一五”期间，中国有 20 亿平方米建筑在拆除时寿命小于 40 年，远远低于《民用建筑设计通则》（GB 50352—2005）规定的 50～100 年。

当前，我国正处于快速发展的城镇化进程中，城市发展波澜壮阔，成就巨大，但“短命建筑”这一城市发展中的阵痛却不能忽视。2015 年，中央城市工作会议就明确指出，城市规划要综合考虑城市功能定位、文化特色、建设管理等多种因素，要增强规划科学性、指导性。这为根治“短命建筑”这一城市发展的痼疾指明了方向，也为城市建设规划画出了红线。实施城市规划，我们只有做到一张蓝图干到底，短命建筑（见图 5-1）才不会成为城市发展的痛，建筑也才能成就城市的文化与灵魂。

既然建筑过早拆除会造成“极大的浪费”，为何非拆不可？

大众对短命建筑的热议引发了中国城市规划学会秘书长石楠的思考。他认为不能把短命建筑当作一种标签来批评，而要具体分析。对于原有建设不能满足城市发展需求而拆除的情况不能一概否定，而是要把建筑的功能和现实需求结合起来考虑，不能用简单的数值判断某个建筑是长寿或者短命。据报道，此前河南郑州花费 854 万元建设且仅用了 5 年多的天桥被整体拆除，被解释为“要为优化轨道线路工程让路”。

石楠认为，建筑拆除问题要在整个城镇化框架下看，正视在城镇化发展中遇到的成长烦恼。“相比于欧洲较为稳定的城市发展，在那里可能 10 年前后不会有太大变化，但我们现在还处于孩子十七八岁的青春期和成长期阶段，所有东西都变化得非常快。有些建筑面临快速的更新换代。”但是，决策错误造成建筑短命的现象则应该批评制止。

图 5-1　朝令夕改的短命建筑

（图片来源：http：//views. ce. cn/view/ent/2014/10/15/t20141015 _ 3703788. shtml）

中国建筑科学研究院对2001年至2010年公开报道的54处过早拆除建筑进行了调查。结果显示，在将由工程质量问题和规划违规问题导致的拆除视为合理拆除的情况下，不合理拆除占比90%；而在不合理拆除中，功能滞后、有商业利益和形象政绩等原因的严重不合理拆除案例占55%。

质量问题是建筑早夭最显而易见的成因。北京某规划设计研究院总工程师、高级规划师张险峰说，建筑质量出问题的原因无外乎不负责任的开发商或建筑商为了节约成本，偷工减料或对工程地质状况缺乏科学勘探，采取的工程措施不到位等。

而对于规划问题引发的建筑早夭，张险峰和同济大学建筑与城市规划学院教授、国家认定注册规划师戴慎志都认为，有时候规划没有问题，但是具体建设执行时，会有一些开发商擅自改造，违规建设。

据报道，被上海市民誉为“华丽的弧形”“亚洲第一弯”的上海延安东路高架桥，设计寿命长达100年，为了配合外滩通道综合改造工程的推进，只使用了11年就被整体拆除。设计者邵理中说：“我们的规划设计人员，今后在做规划的时候，最好能看得更长远一些。”

另外，一些地方政府在利益驱动下，频繁更改城市规划，造成大量短命建筑。

早在2011年全国两会期间，九三学社中央委员会曾提交一份提案，建议采取有力措施，加强“短命工程”治理。这份提案指出，“利益驱动是‘短命工程’频现的根本原因”。一方面，土地价格快速上涨，土地收入在地方财政收入中占据很大比例，在强大利益诱惑下，一些地方政府更有决心对新建筑“痛下狠手”；另一方面，有些官员为了追求个人利益，大搞形象工程，在这种政绩观的指导下，拆旧建新、拆新建新比比皆是，城市建设规划缺乏科学性和严肃性是造就“短命工程”的直接原因。

张险峰解释，在土地财政的驱使下，一些地方政府会利用“腾笼换鸟”的方式，卖旧楼、建新区。最驾轻就熟的做法就是卖掉市中心的老办公楼、学校等不能产出GDP的土地和房屋，大举迁往新区，既实现了拉动新区、提升政府形象的意图，又可以增加卖地收入，通过商业运作改造旧城，可谓一举多得。而原有建筑由于地处中心地段，开发商为了获得高额回报，一般都会采取拆旧建新、提高建筑容量的做法。

在一些专家看来，一段时期以来，城市建设大兴攀比之风，很多地方美其名曰“改善投资环境”“改变城市面貌”，其实质是不顾城市自身实力和需求，盲目搞大广场、大马路、大绿地、超高层建筑、大型体育文化会展建筑，埋下了短命建筑的隐患。

思考题

1. “短命建筑”与城市规划之间有什么关系？

2. 城市规划师应如何看待建筑与城市规划之间的关系？

案例分析

建筑出现“短命”现象的一部分原因就在于城市规划的短视和随意，从而导致决策错误。城市规划的失误往往是一种全局性的失误，决定着建筑的命运，建筑的短命即意味着规划的短命，但究竟有多少建筑可以推倒重建？不合理的规划直接导致的是城市运作的无序，影响的是人们未来几十年甚至子孙后代的生活状态。东南大学建筑学院周琦教授说：“我国近30年间，城镇人口由15%左右增长至45%左右，速度之快令人惊讶，决策层、学术界对此都没有充分的思想准备。上世纪80年代，我国很多城镇大规模建设五六层的房子，没有电梯、没有停车场、不节能。现在城镇要发展，便面临拆迁，大量设计寿命七八十年的房子，还不到20年就要推倒重来。其中的浪费惊人，留下的教训惨重！”因此，“短命的建筑”可以反映出城市规划一旦缺乏科学性和前瞻性，加之其权威性不足，政府机构未严格执行科学的城市规划方案，建筑就必然会面临早早地被送上“断头台”的悲惨命运。而在德国，建筑与城市规划二者的命运却被制度规范紧紧绑在一起，德国的建筑许可只能在已有的分区规划基础上呈递，并由城市规划部门许可，而开发规划则必须经过当地权威机构的详细构思之后才能得到采纳。

这个案例说明了建筑与城市规划之间的联系。建筑与城市是部分与整体的关系。首先，从物理形式上看，城市就是建筑的集合。城市是由各种类型的建筑组成的实体，城市规划离不开建筑，从这个意义上来说，城市规划就是建筑策划或建筑设计的集中表现，建筑的合理策划和设计是实现城市科学规划的重要保障。其次，城市的总体规划又反过来会影响甚至决定建筑的设计，一套完整清晰的规划方案可以界定每个建筑元素的高度、外观、材料、密度、颜色等，并将当地的历史传统、文化特色及生活氛围与住宅的舒适性、便利性结合在一起，平衡已有建筑与新建筑之间的冲突，增加城市建筑的连贯性和协调性。因此，城市规划与建筑二者之间相互依存，相互制约。在建筑与城市规划构成的联系中，建筑师与城市规划师的关系同样是密不可分的。建筑作为总体规划的一部分，有的城市规划师可以将建筑作为总体规划本身进行设计；有的城市规划师为避免城市布局过于单调，会将楼群分为多个部分，每一部分安排不同的建筑师去设计和规划。建筑师与规划师的协作关系也从实践上说明了建筑与城市规划之间的紧密联系。而一个地区或一个城市的发展和建设，直接受到城市规划的规约，因此，关注城市的规划实则就是关注城市的发展。

第二节　城市规划职业道德的基本原则与规范

起主导作用的商业价值仅仅能够满足城市居民的物质需要，但是城市设计中的伦理架构是有助于激发和满足居民的精神需求的。原因就在于建筑本身具有民族性和文化性，与之相对应的作为整体的城市规划同样展示着城市的文化底蕴和人们的精神风貌。梁思成在新中国成立初期谈及北京城的规划时以政府中心建筑群为例揭示了这个问题，他认为："政府中心的建筑群不唯在工作上需要联系，自成一区，还有在体形上，它是有重大精神作用的。所以它同时还必须有充分的民族形式之表现。"[①] 西方很多城市也是如此，宗教城市的形成就是城市规划师通过宗教理念赋予城市精神意义的体现。因此，以建筑为载体的城市规划与伦理架构的结合必然会凸显其精神功能。"每个民族，每个地区的建筑形体是有它的传统特征的。它的结构是在材料和技术条件之下产生的。它的部署是受自然环境和社会环境所支配的。它的体形容貌是技术和艺术的传统所决定的。所以同用砖石土木，每一个时代，每一个地域，每一个民族各有其不同的表现。"这是从建筑层面去讨论伦理道德之于城市规划的重要意义，我们还须从规划本身层面去讨论这个问题。

众所周知，城市规划本身同样也具有精神意义。一个建立在伦理原则基础上的城市规划不仅会体现整个城市的活力和精神面貌，还会使居民树立起对这座城市牢固的认同感和归属感。梁思成在考虑民族性的城市规划时谈道："由都市计划的传统上看，中国的城市，除特殊受地理条件之约束者外，没有不有中轴线的，建筑物都是有广庭空间衬托的。欧洲都市计

---

① 梁思成．梁思成文集（四）［M］．北京：中国建筑工业出版社，1986.

划者近年来发现了长线蛇形阵临街建楼的错误，多数都市房屋多作 U（应该是口子没有上面一横——我注）字形平面，与街沿有适当的距离，规定了建造面积和房屋高度与庭院面积的比例，以求取得空气阳光，花草树木。这正是我们数千年来都市计划传统的基本原则，是我们艺术秩序的组织，应该发扬光大的。我们以此原则布置政府中心的建筑群，发扬我们的都市计划和艺术传统，是要增强民族的自信心，要使我们首都的新建筑发出中国艺术的新光芒。”可以说，城市规划的民族性和历史感就是市民获得城市认同感的必要途径之一。近年来，由于我国城市化进程的加快和人们在城市规划方面的急功近利，与城市规划相关的负面新闻事件层出不穷。2004 年初，原成都市规划局的三位负责人坐上了被告席，他们违规审核批准的建设项目因侵占了成都迎宾大道绿化带而不得不爆破拆除，造成直接经济损失数千万元。这是全国首例因城市规划方面问题而导致相关人员被追究刑事责任的案件，但却不是全国首例城市规划“失误”。两年前江城武汉的外滩花园，同样因侵占长江行洪航道，在央视“焦点访谈”中曝光后被爆破拆除，直接经济损失近三亿元。此外，在许多城市进行的市民对城市政府机构的年度评议中，规划局也往往因为土地批租、动迁改造以及服务质量等问题名列后位甚至“敬陪末座”①。对于以保障公共利益为目的的城市规划而言，城市规划的负面影响直接关系到居民生活的方方面面，公众对规划工作和职业的认可度较低，对城市规划相关机构和职业人员无疑是致命的打击，这也是中国规划师必须寻求突破的困境。因此，亟须建立一个更加完备的城市规划路径。需要明确的是，城市规划师在其中所起的作用是非常重大的，“所有有关城市的决定和判断都是由价值观而不是技术因素驱动的。因此，尽管技术、经济和制度因素都很重要，但最后的决议都取决于决策者的价值观体系”②。实际上，城市规划方面需要遵循的原则和规范在狭义上来说就是指作为一名城市规划师应具备的职业道

① 李蓉．追寻失落的职业精神——浅议社会责任感的培养［C］//中国城市规划学会．城市规划面对面——2005 城市规划年会论文集（下）．北京：中国水利水电出版社，2005.

② 迈克·詹克斯，伊丽莎白·伯顿，凯蒂·威廉姆斯．紧缩城市——一种可持续发展的城市形态［M］．周玉鹏，龙洋，楚先锋，译．北京：中国建筑工业出版社，2004.

德。因此，需要结合理论和目前的实际，寻求一系列合理的城市规划职业道德基本原则和规范。

探究城市规划职业道德基本原则，可以从梁思成的相关论述中得到一些启示。在《梁思成文集（四）》中，他从城市规划师的角度概括了规划北京城需要遵循的一些具体原则。①

> 第一个条件，要合于部署原则。
>
> （1）须预感出地区生活所取的方向。——预见性
>
> （2）行政中心区的部署的本身必须为改善并发展大北京计划之一部分。行政区所选择的位置必须是协助发展的位置，它必须不妨碍本身和其他区域发展的趋势。——协调性
>
> （3）行政区同他种作用的区域须有合理的关系，有便利与经济的联络，而不是将政府机关房屋混杂到其他区域之内。——协调性
>
> （4）为文化及习惯的需要，保留中国都市计划的优美特征，不模仿不合便利条件，不合美感条件，或破坏本国优美传统的欧洲城市类型。遵守民族传统，建立有中心线的布局，每一个单位各有足够的广庭空间的托衬，有东方艺术的组织。——民族性、文化性
>
> （5）它全部显著地表现出中华人民共和国政府中心所在及被人民所爱护尊崇的印象，产生精神作用，成为庄严整肃的环境。——政治性
>
> 第二个条件，要有建筑形体上的决定。建筑本身的形体必须是适合于现时代及有发展性的工作需要的布置；必须忠实地依据现代经济的材料和技术；必须能同时利用本土材料，表现民族传统特征及现时代精神的创造；不是盲目的模仿古制或外国形式。——民族性
>
> 第三个条件，要足用的面积。

① 梁思成．梁思成文集（四）［M］．北京：中国建筑工业出版社，1986.

第四个条件，要有发展余地。面积不单为今日人数计算，必须设在有发展余地的地方。

第五个条件，须省事省时，避免劳民伤财。不必为新建设劳民伤财，迁徙大量居民，拆除大量房屋，增加复杂手续，耽误时间。考虑选择的地址以能直接设计建造行政区的一部和住宅的一部为最妥。——人文关怀

第六个条件，不增加水电工程上的困难而是发展。——人文关怀

第七个条件，与住宅区有合理的联系。政府区必须与同他有密切关连的住宅区及其供应服务的各种设备地点没有不合理的远距离，以加增每日交通的负担。——协调性

第八个条件，要使全市平衡发展。——整体性

第九个条件，地区的选定应能控制车辆的合理流量。——协调性

第十个条件，不勉强夹杂在不适宜的环境中间。这崭新的全国政治中心的建筑群，绝不能放弃自己合理的安排秩序，而去夹杂在北京原有文物的布局或旧市中间，一方面损失旧城体形的和谐，或侵占市内不易得的文物风景区，或大量的居民住区，或已有相当基础的商业区，另一方面本身亦受到极不合理的限制，全部凌乱，没有重心。——整体性

第十一个条件，要保护旧文物建筑。在新建设的计划上，必须兼顾北京原来的布局及体形的作风，我们有特殊责任尽力保护北京城的精华，不但要消极地避免直接破坏文物，亦须积极地计划避免间接因新旧作风不同而破坏文物的主要环境。——人文性

梁思成认为，城市规划主要考虑的就是人民，他说："以上十一个不同的条件大部分正是为人民的便利及经济条件，一部分为美感习惯及文化的需要。它们都是基本的要求，无法不加以考虑。"[①] 设计建设要省事省时，避免劳民伤财。另外，在设计规划中充分考虑文化、习惯、古建筑

① 梁思成．梁思成文集（四）[M]．北京：中国建筑工业出版社，1986.

等，注重建筑的政治性、民族性和人文性。规划师还要保证合理布局、保证交通和经济联系等，实则就是要求城市规划师在设计中注重城市的整体性和协调性，保证城市区域之间平衡良序发展。城市规划师还应具备一种预见性，“须预感出地区生活所取的方向”。在规划的时候，计划工作者必须有预见将来的眼光，他必须知道并且感觉出一个地区生活所取的方向，他的建筑必须使他的房屋和他的城市能与生活的进步一同生长发展，不是阻挠，并且按照今天进展的速度予以协助。所以基本计划应该为城市未来十年至十五年间的发展而设计。目前，我国城市规划中仍然存在着诸多失序现象。例如，城市建设缺乏人文关怀，忽视市民生活和周围环境的整体性与协调性，城市土地及空间资源配置不当，城市优质空间和景观资源存在排他性占有，旧城改造忽视城市的历史文化风貌，可持续性建筑与城市生态文明建设发展不同步，高耗能、高排放、不节地现象突出，权利与资本控制城市设计规划的方向……可见，梁思成在城市规划方面所提出的原则并未过时，仍然具有很大的借鉴意义。

案例5.2

“飞鸡场”为谁而建？[①]

2002 年 8 月 18 日傍晚，记者一个人走在阜阳飞机场空旷的跑道上。

在标有起降标志的一块草坪上——严格来说，它已经是一片野草疯长的荒草地了，记者碰上了翻过院墙进入跑道草坪的邻村村民老张，他正忙着追赶几只他放养的小鸡。

“谁说阜阳飞机场没有飞机？你看，那不是？”嫌记者耽误了追逐小鸡的工夫，老张的口气有点不耐烦。

透过一人高的茅草，顺着老张手指的方向望去，跑道的尽头，一群黑点缓缓飞近。记者哑然失笑：这哪是飞机，分明是白鹤嘛！

老张咧嘴一笑，说：“它们可不是‘飞鸡’是什么？”旋即正色道，这里真的有野鸡、野鸭，还有野兔，他有时翻墙过来，还能看到野兔在跑道

---

① 曹勇．一个副省长的“政绩”观［J］．价格与市场，2002（10）：41-46.

上打架。见记者不信，老张弯腰拾起一块土块，随意向身后数米远的地方一扔，只听得叭叭两声，草丛里飞起一只形如野鸭的飞鸟，落在不远处的草丛中。

这个荒芜了的、投资3.2亿元的飞机场，是王怀忠当上阜阳行署专员、地委书记后精心打造的“杰作”。

20世纪90年代初，王怀忠提出了一个将阜阳建成淮北大都市的设想。王怀忠常拿阜阳跟上海比，他常对下属们说，阜阳是中国第一大市，人口1220万，比上海还多20万，“我这个市委书记，丝毫不比上海市委书记弱嘛”。

与“大都市”计划相匹配的，是“大机场”计划。阜阳飞机场原先是个很小的飞机场，只飞阜阳到合肥的专线小飞机，王怀忠认为这有损于阜阳大都市的形象，必须扩建成一个可以开通国际航班的大机场。王怀忠在跟幕僚们讲述扩建机场的种种好处诸如提升阜阳的“国际形象”等后，还讲了他的“亲身经历”：“我到深圳以及马来西亚等东南亚国家和地区去招商引资，经常有大老板和外商问我：有没有从当地飞往阜阳的航班呀?”

王怀忠不顾市委前副秘书长范玉山的反对，圈地数千亩作扩建机场之用。他向安徽省民航局提出，保证上座率在60%以上，如果客源不定由阜阳地方财政补贴。范玉山说，当时他算了一笔账，机场如果启动，阜阳财政每年将要补贴700万元以上，以阜阳连工资都发不起的财力，如何可行?范玉山叹气说：“可笑的是，一直到飞机场扩建完毕，王怀忠连扩建机场的可行性报告都没有看几页。”

1995年，飞机场扩建工程正式动工，阜阳市的政府工作人员、教师、农民每人被摊派了数百元钱的机场建设费。从当年起，阜阳市委市政府开始下达硬性财政收入指标，这给下面的工作造成了极大的压力，某乡镇曾经发生过一起乡长带枪强收提留款打死村民的事件，而王怀忠对此不闻不问。

范玉山记得，当年跟阜阳一同申请建机场的有江苏的南通市，在一个方案、一个图纸、批文几乎同时下达的情况下，南通市的飞机场不到两年就完成，耗资近1亿元；而阜阳的飞机场直到1998年才完成，耗资从预计的6000万元追加到3.2亿元。由于客源严重不足，每年客流量仅600人次，在勉强营运了1年后，飞机场被迫关闭，成了野鸟们的乐园。

除了大机场外，这里边最荒唐的是大动物园。

1994年，王怀忠到东南亚诸国绕了一圈，回来后脑子一热，提出要建一个世界上最大的动物园"龙潭虎穴"，要在动物园里养千只老虎万头巨鳄。王怀忠设想，这将使阜阳成为中原地区的一大观光旅游中心。他对幕僚们说，老虎全身都是宝，活着可以让人观看卖门票，宰了更值钱——虎骨是名贵的药材，虎皮是珍贵的毛皮，虎肉是可口的山珍……听得众人瞠目结舌。

王怀忠没有经过规划和设计，甚至没有一个成熟的思路，就圈地数百亩，发动数万干部、教师、学生去做开挖"龙潭虎穴"的义务劳动，毁了不少良田，以至于被占土地的村民们成群结队地前往市委市政府上访请愿。最终动物园工程历时三年，耗资千万，半途而废。王怀忠允诺给村民的赔偿到现在也没有兑现。

黄刚说，几大形象工程使阜阳经济大伤元气。根据一份调查，几大形象工程至少透支了阜阳未来10年的财力，阜阳的前景殊堪忧虑。

思考题

1. 阜阳飞机场是为谁而建？依靠谁而建？
2. 王怀忠是否认真考虑过"我是谁"的问题？
3. 该案例对我们城市规划职业道德规范有何启示？

案例分析

人是城市生活的主体，城市的发展归根结底是要为人类提供更好的生存环境。《雅典宪章》上就写道："对于从事城市规划的工作者，人的需要和以人为出发点的价值是衡量一切建设工作成功的关键。"我们的城市规划就要始终贯彻"以人民为中心"的基本原则，尊重前人、关怀今人、善待后人。城市规划中的"以人民为中心"实则就是要求处理好城市建设和规划究竟是"为了谁""依靠谁"和"我是谁"的问题。

案例中阜阳飞机场的建立是为了谁呢？是为了官员的喜好和业绩，还是为了城市的形象？首先应该明确，城市规划首先是为了普通市民（包括弱势群体）的基本利益。城市建设不是少数人或某些利益团体的牟利工具，城市规划应该让广大普通市民受益，促进居民生活环境的舒适化和便利化。梁思成曾引用苏联建筑史学家 N. 窝罗宁在《苏联沦陷区收复后之重建》中的话，在提到许多历史名城如诺夫哥洛、加里宁、斯莫棱斯克及伊斯特拉等城在重建时的特殊问题，窝罗宁说："计划一个城市的建筑师，必须顾到所计划的地区的生活历史传统和建筑的传统，在他的设计之中，必须保留合理的，有历史价值的一切，和在房屋型类和都市计划上特征的一切；同时这城市必须成为自然环境中的一部分。……并且要避免千篇一律的标准化；他必须采纳当地人民所珍贵的一切。第一条必须遵守的规则是人民的便利，人民的、经济的和美感的条件，和习惯的、文化的需要。最后的计划是依据这些要点而决定的。"由此可见，摆在城市规划师面前的第一条原则就是"以人民为中心"，城市规划师要认识到我们所有的设计和主张都是为了普通民众的便利，而不是为了其他个人私利。

在城市规划"依靠谁"这个问题上，我们需要认识到，任何一个城市的建设离不开市民的支持，市民是城市发展的主体。因此，在城市规划的过程中，应充分考虑市民的需求，调动广大市民的积极性，让广大市民参与到城市规划进程中来。村民老张口中的"飞鸡"就贴切地说明了阜阳飞机场在市民心中的印象和村民的态度。庄惟敏在《建筑策划与设计》一书中提到了现代城市规划的新动向和新潮流，其中就包括鼓励居民参与和听询规划研究，强调自下而上的公民参与。在新加坡，为了确保规划作为一项政府职能的民主性和公正性，规划法就明确了公众参与和规划上诉的法定程序。在现代社会，相比于传统的自上而下的规划，自下而上的规划越来越受到重视。一方面，随着城镇化进程的加快，城市人口的快速增长和移动使得城市规划师在规划的过程中几乎不可能准确地预测出城市发展的可能性，规划师只能靠自己有限的知识储备去理解和判断城市的现状和未来的发展前景，规划师在一定程度上被削弱了客观判断城市发展的能力；另一方面，当规划师的理念与城市现实发展出现的偏差增加到一定程度时，规划就会缺乏整体性和现实性，割裂了居民与社区的联系，直接导致人与人之间的隔阂加大，人们的城市归属感降低。因此，政府需要提高基层意见反馈的畅通性和及时性，城市规划师需要加深对社会机体的理解和调研，积极听取和采纳人们的意愿和建议，自下而上制订既具有现实性又具有长远性的规划方案，以应对我国高速变化的城市扩张与更新。

在城市建设规划的过程中，“我是谁”这个问题是每一个政府官员都需要正视的问题。当前社会，“城市规划，纸上画画，墙上挂挂，不如领导的一句话”的问题依然存在，那么，我们的城市规划应该由谁来主导？王怀忠这样的政府官员是否具有规划城市的能力和素养？我们需要注意的是，一方面，当政府官员不具备规划城市的能力和素养时，就会导致城市规划的无序和危机；另一方面，政府官员的更替体现为政策的非延续性，在城市规划上就表现为规划缺乏整体性和可持续性。因此，政府官员应正确把握好自己的定位，当自己的学识和能力不足以长远地、正确地规划好城市的时候，一定要参考城市规划师的意见和建议，认真阅读城市规划的可行性报告。政府职能部门应认识到自己对城市规划的不当干预所引发的诸多问题，正视自己的定位，把运用公权力来调节和整合社会各方利益的宗旨放在第一位，心系百姓，注重城市的健康协调可持续发展。

在理念上，不论是政府官员，还是城市规划师，都应本着以人民为中心的宗旨，在方式方法上，带动居民积极参加城市规划活动，自下而上地开展规划活动，提升规划工作的科学性和合理性。在态度上，政府官员应正视自身的定位，虚心接受城市规划师的意见，优先考虑城市的持续健康发展。而在这个案例中，城市规划师如何正确处理与政府之间的关系也是其需要关注的问题。这就为城市规划师职业道德规范的制定提供了启示。

职业规范是在职业伦理基本理念和基本原则的指导下形成的，是调节职业活动中各类关系的具体行为准则，如与自然环境、市民、政府、同行等方面的关系，以及衡量和判断职业人员行为是非善恶的具体标准。作为城市规划师，首先要遵循职业道德的基本规范，即爱岗敬业、诚实守信、办事公道、热情服务、奉献社会等基本职业道德规范[①]。另外，正如案例中所揭示的那样，城市规划师具有特殊的职业特点，在具体的工作中需要具备超前的战略远见，为政府宏观决策提供重要依据，在 1978 年美国持

---

① 新时代爱国主义教育实施纲要·新时代公民道德建设实施纲要［M］．北京：法律出版社，2019.

证规划师学会提出的“职业道德守则（Code of Ethics）”中的第一句就明确指出规划师的首要责任是向公共利益负责。

笔者认为，城市规划师除了要遵守基本职业道德规范，还须遵守以下几个具体的职业道德规范。

① 具备政策优先的意识。一切设计以国家的总体规划布局为依据。

② 具备科学的超前意识。做到科学设计，提前预测城市发展前景。

③ 坚持公共利益优先，正确处理与政府间的关系。积极与政府部门沟通，争取政府对规划方案的理解与支持。

④ 坚持人道主义，以人民为中心搞规划。正确处理与市民之间的关系，充分考虑市民的需求，调动其积极性，让广大市民参与到城市规划进程中来。

⑤ 将责任意识贯彻到底。在城市规划设计之前做好预测，之中做好适时调整和补充，之后积极关注新建筑的规划是否符合原初理念。

法律涉及的是事后责任，伦理道德则是以未来的行为为导向的前瞻性或预防性责任模式，强调的是责任自觉、应然性，伦理价值在城市规划上的体现更为真切具体。如果城市规划师不能坚持道德自觉性，就不能预先分析城市以后的发展，并做出合理部署，更不能在城市规划的实践过程中做到及时止损，更不会主动关注新建筑的规划问题，这就会直接导致反复地拆旧建新，是对公共资源的巨大浪费。从伦理道德的角度来考虑城市规划，让城市规划师能够遵守基本的职业道德规范，才能正确处理城市规划过程中发生的诸多问题，不损伤现有城市的文化底蕴和人文价值，考虑不同利益群体的正义分配，预防和避免城市规划对未来社会造成的负面影响，最终把人类普遍幸福的实现作为城市规划的终极指向。

第三节　整体意识

在我国的城市建设和发展历程中，城市规划是作为一个整体来运作并发挥作用的。整体意识是作为一名城市规划师首先需要具备的重要素质。埃蒙·坎尼夫认为，一个良好的城市格局可以被视为社会精神特质的物质表现形式。具备整体性和协调性的城市格局可以让城市在功能和审美之间实现一个相对较好的平衡，这对于城市历史文化的传承发展、生态环境的改善、人们道德素养的提升具有积极的促进作用。整体意识一般是指整体中的局部与局部之间、局部与整体之间的互相关联与统一，而城市规划师可以通过自己的规划设计，使得城市和街区与城市聚集地及其基础设施之间实现有机统一，最终达到一个符合城市精神面貌的良好状态。梁思成在关于北京长安街建筑形体设计问题上谈道："都市计划工作的目的是使各种建设有计划地互相配合，在平面部署上使人民得到最大的便利，如各种区域和道路系统的合理分配等，而在立体观瞻上，全市又能成为美好和谐的，且是承继优良传统风格的体形，如各类型建筑物的设计和安排。"①

整体意识主要要求城市规划师努力实现建筑和城市一体化发展。现代主义城市规划的许多基本原则之所以饱受批判是因为它们注重建成环境物质品质的同时，往往忽略了人们在现实空间中的具体行为特征，城市的各个功能区（居住区、工业区、商业区）被设计成彼此独立、互不通连的区域，缺乏行为活动层面上的关联性。因此，在对城市进行规划设计的时候，城市规划师应考虑多方面因素，例如基础服务设施（商店、公园、学校）、公共交通、景观质量、空气污染、噪声污染、弱势群体（老年人、残疾人）的特殊居住需求等。从资源评价、景观评价、人文环境评价、政治属性评价、经济发展状况评价等多方面拓展自身的视野和职能范围。只有考虑到城市建筑和人的需求的多样性，才能实现符合整体观的规划，让所规划的城市处于一个平衡协调的良好状态中。例如，在我国当前城乡一体化的发展进程中，城市规划师须从实现城乡之间的平衡协调为出发点来考虑城市规划问题，让"城市与乡村这两个不同特质的经济社会单元和人类聚落空间，在一个相互依存的区域范围内，谋求融合发展、协调共生"②。这对于城市规划师来说，须从空间的角度对整个城市及乡村的结合做出具体的安排，关注城乡之间的整体性和协调性。

---

① 梁思成．梁思成文集（四）［M］．北京：中国建筑工业出版社，1986.

② 钟莉君．关于城乡一体化问题的几点思考［J］．中共南昌市委党校学报，2017（3）：63-65.

城市规划师的整体意识要求其在对城市进行规划设计时注重各要素之间的平衡发展和协调配合，梁思成在论证北京应该在西郊建立新中心问题时就提出了“全市平衡发展”的理念。他认为：“一个城市的发展，必须使其平衡。十九世纪资本主义的城市因为无计划，无秩序，无限度的发展，产生了人口及工商业过度集中，城乡对立尖锐化的现象，造成了人口过挤的‘城中心区’，极拥挤的住宅楼房，所谓‘贫民窟’，以及车辆拥挤等等病态，是我们前车之鉴。在原则上，城内人口密度必须逐渐减低，以达到每平方公里八千二百人的标准。”[①] 城市规划师的整体意识可以落足于具体的单体建筑，也可以来自实体性的城市空间，也能来自它的建构过程，而在现代社会，城市规划师的整体意识在很大程度上体现在公共领域和私有领域之间的关系上。城市公共空间在现代社会具有非常重要的作用。城市公共空间的意义取决于其把个体聚集到一个共同体中的能力，从而表现出一种群体意识。在这个层面上，公共领域比私人建筑更有价值，公共空间的合理规划有助于城市道路和景观的协调呈现，使得其功能和视觉享受相得益彰，这样一个伦理的城市的存在有助于一种最好地表达个人身份与差别的方式存在于公共空间中，有助于公民能够在一个共享的基础上展现其个性化。尽管现代化给城市提供了许多开放的空间，但对于城市规划师和市民自身来说，需要注意的是，这些空间需要一定的引导与控制。

案例5.3

旧金山滨水区公共空间设计[②]

通过旧金山城市中心滨水区的Embar Cadero高架快速路是旧金山的主要交通干道，1989年一场大地震使得快速路遭到破坏，后来旧金山市政府决定废除这条快速路，并重新利用这条长约1.5英里（2.4 km）的带状

---

① 梁思成．梁思成文集（四）［M］．北京：中国建筑工业出版社，1986.

② 赵鹏军．美国旧金山滨水区公共空间设计的成功与失败［J］．建筑学报，2005（2）：29-31.

土地，建设若干滨水公共空间，其中主要的有 Justin Herman 广场、Rincon 公园、Pacific Bell 公园等。经过几年的建设这些公共空间已基本全面建成，并成为旧金山市民和外来游客的主要休闲和游憩场所。

旧金山滨水区公共空间的设计主要存在以下几个问题。

1）绿地空间缺乏活力

尽管在设计时已有考虑，公共空间建成后的利用率仍是很低，成为困扰旧金山滨水区活力一个重要问题。例如，位于码头和马基特大街之间的 Justin Herman 广场，有人曾经观察即使在四月下旬的星期日下午这样的时间段，在广场的绿地上只有六个人，而且其中两个是无家可归的流浪汉。究其原因，从功能角度讲，Justin Herman 广场一边的码头正在被重新整修，将来这里会有一个农产品市场和食物交易区，在码头附近将规划建造一个酒店，这些都不会给广场带来公众性的活力，即广场周围还是缺少能够激发公众活动的“发动机”。Justin Herman 广场的失败在一定程度上否认了两种说法，首先是否认了“如果公园能够位于人们出行的路途中，如果公园具有一些吸引物，公园将会被很好地利用”的设计假想；其次否认了“步行开放空间总是要比街道好”的设计惯例。

2）空间铺饰脱离场地文脉

Justin Herman 广场是旧金山滨水区的核心部分，广场一边是码头，建造于 1898 年，是旧金山的城市标志之一，另一边是旧金山历史悠久的最繁华的商业街马基特大街，但是整个广场的环境设计华丽且昂贵，过于烦琐，与场地的历史文脉不相协调。如广场复杂的装饰图案，用途很小的环境小品（喷泉、大理石球、灯柱）与有轨电车站不太美观的金属护栏等。

3）步行空间过于单调

旧金山滨水区的另外一个问题是滨水区连续的步行空间过于单调。从码头到 Pacific Bell 公园之间的滨水地带长约 1 英里（1.6 km），滨水区的空间处理是单一方式：只是一个长的混凝土的步行道及其旁边的混凝土栅栏，人们只能远望海港中的水景，或者沿着这些长的水泥步行道慢跑，整个滨水区的步行道上没有什么特别的吸引物，过于单调。过去，在这里的海滨沿岸布置着各种各样的船运码头，往来船只和商人使得这个区域充满活力，现在全部的海运设施已被拆除，只是在一个地方有一个生锈的码头铁桩被留了下来作为历史遗迹，这多少也给单调乏味的步行道增加了一些情趣。

案例5.4

“广场热”问题[①]

但是，在我国，他国在公共空间规划设计方面的经验教训并没有得到合理借鉴。

21世纪以来，我国许多城市兴起一股“广场热”，从城市的领导到普通市民对此表现了前所未有的巨大热情，各地都出现了大面积的广场、草坪，其规模和速度都是前所未有的。据报道，广东惠阳市政府大楼前的市民绿化广场占地13万平方米，市区人口仅12万的广东四会市却建了能容纳46万人的大广场，23万平方米的四会市广场规模之大被称为“亚洲少见”，山东潍坊46万平方米的大广场将超过北京天安门广场。

对此方兴未艾的城市“广场热”以及随之出现的种种弊端，许多专家学者提出“建广场需头脑冷静”“城市广场拒绝克隆”等观点。广东省建委还出台了全国第一部《城市广场规则设计指引》，进一步规范城市广场规划设计。有学者提出，除重视市中心广场的建设外还应注重建设为当地居民服务的中小型广场。看一个广场是不是精品，看水平而不是规模，看内涵而不是形式。当广场建设包括周围围合的建筑物都急于一气呵成的时候，广场的综合利用问题（如抗震、防灾、避难等）、地下空间利用问题（用作购物、餐饮、娱乐等）、历史文化传承问题、残疾人使用问题、广场建设高科技与智能化问题、市民参与设计问题等，均是摆在人们眼前棘手的难题。

如今的广场设计规划仍存在着很多问题，如面积与人口密度比例不协调、空间围合感不强、建筑形式欠协调、雷同性强、缺乏生态和环境意识等。

---

① 缪小龙．冷看城市广场热［J］．规划师，2001（1）：101-102.

广场的围合有四面围合、三面围合、两面围合与单面围合四种形式，其中前二者封闭感较好，有较强的领域感。围合广场常见的要素有建筑、树木、柱廊和有高差的特定地形等，其中以建筑围合较好。目前国内的一些广场有不少都是用道路围合，或只在广场的一侧到两侧布置建筑，容易使游人在行为及心理上产生不安定的感觉，致使游人在广场内停留的时间缩短，降低了广场的内聚力及吸引力。而现代城市广场建设已经不再仅仅是一个简单的空间围合、视觉美感问题，它更是城市有机组织中不可缺少的一部分。但广场设计缺乏与城市总体空间环境的联系。城市公共空间处于无序状态，基本上是散点，广场设计仅注重本身，而没着眼整个城市形态。所以大多数广场从形态上看有布局积极的空间性质，却无法成为城市的一个结点。广场大多为城市交通广场，缺少文化娱乐，与城市生活相脱节，无法满足人们交往、聚会的需要。

思考题

1. 我国的公共空间设计存在着哪些问题？
2. 旧金山滨水区的公共空间设计对我国的公共空间规划有何启示？

案例分析

城市广场广泛存在于城市空间的各个等级层面中。它可以组织起整个城市空间，成为城市空间的主导，可以组织起一个建筑群，成为建筑之间联系的纽带，也可以作为与人民生活最贴近的居住区中的场地。随着人们精神文化需求的不断提高，城市公共空间的规划设计更是体现了整个城市的精神面貌。一般来讲，城市公共空间的设计目的在于为居民提供一些延伸生活的场所，它们有着建立和凝聚社会关系的角色，也是城市活力的载体。建立公共空间时需要注意的是，这些公共空间必须注重系统化的整体布局，将公共空间与历史、地理和城市肌理有机融合在一起，否则就会破坏整个城市的平衡感和协调性。公共空间的构思需要预先考量其所引发的和容纳的活动与用途，但也需要保留无法预测的部分以适应居民在空间中有意无意产生的互动的效果，而为公共空间带来“共同生活”的实质意义。城市规划师需要在具体的设计规划中始终坚持整体意识，公共空间的设计规划需要与整个城市、建筑、交通等多方面建立联系，从而体现出整个城市的平衡协调发展状态。另外，因为公共空间的非私人性特征，城市规划师还须提供给居民参与设计的可能性，共同探索一个场所的形式与用途之间的关系，以达成空间共享的目标，让居民对新创造的空间产生使用的欲望，同时通过加入自然空间，增加艺术和文化的表达，进一步使公共空间成为洋溢活力的场所。后两节将分别详细探讨人文意识和环境在城市规划中的重要性及其需要考虑的问题。

从纵向上来看，城市规划还有总体规划与部分规划之分，一般认为，城市总体规划需要考虑自然环境、资源条件、历史情况、现状特点，统筹兼顾、综合部署，是为确定城市的规模和发展方向、实现城市的经济和社会发展目标、合理利用城市土地、协调城市空间布局等所做的一定期限内的综合部署和具体安排。而在本书中，笔者并不是出于对规划本身的区分来讨论问题，而是站在城市规划伦理的角度来讨论城市规划师应具备的职业道德品质。《2017 年中国城市规划》报告中提到，1949 年中华人民共和国成立后，中国现代城市规划的整体体制才得以全面确立，但是在苏联模式的影响下，形成了“先生产、后生活”的城市建设原则，因此出现了“计划、规划两张皮”的争论，城市规划被囿于建筑学和工程学的领域。改革开放初期，结合普遍恢复开展的城市总体规划和以大型居住区为主要内容的详细规划编制，一系列专题性的规划研究得到开展。近代以来，开始强调各类规划之间的相互关系需要重新建构，更为重要的是需要有更广泛和整体性的制度配合。因此，在本书中虽并未区分总体规划与部分规划的区别，但是从广义上来说，城市规划师在进行规划活动时整体意识的提升不仅仅是出于自身的专业技能，还需要在制度层面领导和约束整个城市的总体规划理念。当政府以规划局等权威机构之力来组织领导整个城市的总体规划方案，再由具体的规划师和建筑师进行设计建造，就会自上而下地保证城市规划的整体性和协调性，否则就会导致城市总体规划的无序。德派普地区的城市规划就说明了“牵头人”的重要性。

案例5.5

德派普地区的城市规划[①]

德派普地区是在最初的总体规划中向荷兰阿姆斯特丹南部扩展的目标。这个地区建于1870年，由于所有制的缘故，这个地区是由几家公司相继开发规划，可以说，这座城市的规划是由公众或私人掌控的。

在19世纪末的荷兰，人口激增，对城市产生了相当大的压力，由于财政等诸多原因，保守派不愿为居民提供更多的服务，于是，政府允许城市建筑设计师除了履行公共职责外，也可以为开发公司服务，他们代表了公众和私人两种身份。1862年，塞缪尔·萨珐蒂首先对涵盖以前重要军事要塞土地和城市南部郊区提出了发展规划。但出于种种原因，这个规划并未得到有效的实施。1866年，城市设计者雅克布斯·万·尼福特里克提出了在阿姆斯特丹城外建中心区的综合规划。但设计方案遭到了否定，因为当时的市政委员会新当选的行政长官们固执地主张自由的市场竞争，城市也一样不宜实行蓝图式的总体规划模式，阿姆斯特丹这座城市的发展不需要依靠法定规划。喜力啤酒企业曾在这个地区购买了一家啤酒厂，对于日益令人无望的住宅市场，他们不再等待城市规划师们的决定，开始自行为企业的工人们建住房，市政当局自然也不会阻止这样的计划。当然，不可否认的是，尼福特里克的规划在德派普西北部的建筑中发挥着潜在的影响力，例如，网格状工程使人们隐约见到尼福特里克最初的设计理念。但这样的规划一直以来都是按照中世纪以来现存的排污系统管道来确定城市住宅的形状，对于不符合城市排污系统的建筑，市政当局会直接干涉，买下与当地规划部匹配的房屋，然后拆除这些房屋，此举在很大程度上造成了社会公共资源的浪费。

“德派普”这个地区的名字实则就是源于住房规划和街区建设，它原本的含义是指“排水口”，这座城市的街区建筑物就像排水管道一样狭窄，很容易引发卫生问题，也大大削弱了居民在此居住的舒适感。德派普城市

① 埃里克·法利，凯瑟琳·格伦．城市总体规划经典案例［M］．张新，译．北京：电子工业出版社，2016.

鸟瞰图见图 5-2。

图 5-2　德派普城市鸟瞰图

（图片来源：埃里克·法利、凯瑟琳·格伦著《城市总体规划经典案例》）

私人开发公司还存在一个弊端，就是不能满足中低阶层的住房需求，面对混乱的城市私人规划，市政当局除了改变住房政策外别无选择。后来这也导致了一系列卫生问题，引发社会中低阶层的不满，甚至造成社会动荡。

典型的荷兰建筑避免公共楼梯和大门。作为一个连栋房屋和小公寓楼的组合，这种狭窄的建筑至少由两个单元组成。一扇门连通一层（包括地下室），另一扇门则与公共楼梯相连，并通向三四层（见图 5-3）。

由于德派普中等的人口规模，经常把顶层设计为单个公寓用来出租，阁楼如不出租则变成公用区域或作为贮藏室。在这一地区通常把一栋楼委派给一个单身人士。举例来讲，一位寡妇在单元一层或二层，有自己出入的门，她再出租上面的房间作为自己的经济补贴。街区内部的户外空间归

图 5-3　德派普地区的连栋楼

（图片来源：埃里克·法利、凯瑟琳·格伦著《城市总体规划经典案例》）

住在单元一层或二层的家庭所有。像很多英国连栋房屋一样，户外地面低于街道地面的高度。连栋房屋的宽度决定土地价格和建造技术，通常木梁有 5～6 米（16～20 英尺）长，与 17 世纪沿运河而建的大进深的连栋房屋相比，这些房子的宽度是 12 米（39 英尺），中等大小，仍然提供前后两个空间，包括两个小卧室。光线差和通风不足等问题在这个地区非常常见，直接导致了严重的卫生问题。1902 年，荷兰住房法案出台，并对德派普建设提出了严厉的质疑。

在城市总体规划中，德派普是一个失败的例子。20 世纪 70 年代，德派普地区经历了一番旧城改造，但仍未摆脱前一个世纪混乱的规划所造成的影响。政府在城市规划方面的放任式态度是德派普地区产生规划问题的重要原因，城市缺乏一个整体协调的总体规划方案，自然会导致单个建筑设计存在过多的主观性和随意性，整个城市的建筑就失去了相互之间的协调性和完整性，间接导致了一系列社会问题的发生。

思考题

1. 德派普地区的城市规划问题产生的原因有哪些？
2. 如何保证一个城市的规划具有整体意识？

案例分析

德派普地区的城市规划是公众或私人掌控下的结果，城市在近一个世纪的发展过程中，几家小公司零星开发规划了德派普地区的街道、建筑、广场等。城市缺乏一个整体性的规划方案，政府在个人开发的建筑物建成后才去干涉和拆除不符合规划的建筑，政府在面对整个城市建筑出现的普遍问题时，除了提出质疑和谴责，并无能力去拆了再建。这些都导致了德派普这座城市缺乏整体性和协调性，为人们的日常生活造成了巨大的困扰。而在我国，梁思成先生在新中国成立初期的北京市规划中也提到过此类问题。新中国成立初，我国的城市规划并没有一个完整的机构体系来进行统一策划管理，在梁思成等建筑师们刚开始进行调查，搜集资料，以求了解首都的具体情况的时候，“各处兴建工程的浪潮已迫不能待地开始了……这样就大量地建造，效果是不能令人满意的。有时我们原则性和斗争性不足以应付发展情况，常不得已做了尾巴。调查不够，资料不足，我们所作的决定或考虑大体都只凭主观判断。可痛心的是受损害的总是这可爱的首都。现在我们都多少认识到这样顾此失彼，没有抓紧领导是很大的错误，已发动更多部门一起抓紧总计划的研究（设立总计划专门委员会）”[①]。由此可见，保证一个城市的规划具有整体意识的前提是需要有一个统一且相对完备的部门，由他们来研究出一个城市的总体规划方案，再分配给规划师进行具体的设计处理。有学者将城市总体规划与城市规划做出区分，以便明确由谁来做城市规划的主导者；但笔者认为，在对待城市规划的问题上，在我国的社会主义市场经济体制背景下，政府部门行使着为城市规划总体建设方案的责任和义务，当政府部门能够制定合理规范的

---

① 梁思成．梁思成文集（四）［M］．北京：中国建筑工业出版社，1986.

城市规划条例，就不难保证城市规划师在规划设计时能够坚持整体意识，为城市的当下发展和未来做仔细谨慎的考虑。

在这方面，我们国家已经从制度规约入手做了一番努力。例如，在《中华人民共和国城乡规划法》第十七条中明确城市总体规划、镇总体规划的内容应当包括禁止、限制和适宜建设的“地域范围”。这意味着在总体规划工作中，对于市域、都市区、中心城区的不同空间尺度上，人们有足够的法律基础来划定详细程度不同的禁建区、限建区和适建区。在城市总体规划层面，将城市开发行为限制在适建区和限建区的范围内。但是，我们遇到的问题更为复杂，事实上，城市新区往往独立于城市总体规划规定的规划建设用地范围之外，在规划区内的也未执行这些选址规定。在“发展是硬道理”的说辞之下，这些新区在选址和布局上规避了《中华人民共和国城乡规划法》的有关法律规定。① 因此，在培养城市规划师整体意识的时候，还需要注意的是，我们的城市规划最根本性的工作并不在于采取什么方案来圈定一个空间界线，而是在于严格执行《中华人民共和国城乡规划法》的有关规定，对违法行为给予足够严厉的告诫和惩办，惩治政府的违法行为。虽然我国城市规划现在基本依靠行政许可的手段，但是在一定程度上缺乏其他规划引导和执行的手段来调配各方利益。这也是作为城市规划师需要擦亮双眼去看清的重要问题。

第四节　人文意识

人文意识就是指城市和建筑的规划设计者根据人的视、听、行等各方面的生理感觉，对城市、建筑的空间环境的大小、构成加以控制的意识②。

人文意识主要体现在两个方面。一方面，城市的发展赋予人的价值和思想影响着整个城市的规划样态，城市规划师的人文意识注重历史文化底

---

① 张兵，林永新，刘宛，等．“城市开发边界”政策与国家的空间治理［J］．城市规划学刊，2014（3）：24.

② 张杰，霍晓卫．北京古城城市设计中的人文尺度［J］．世界建筑，2002（2）：66-71．

蕴的生态性构建。正如凯文·林奇所言："城市的形态，它们的实际功能，以及人们赋予形态的价值和思想，形成了一种独特的现象，因此城市形态的历史决不能只是对几何街道肌理转变的描述，北京和芝加哥没有一点相同之处。"当一座城市从最初的聚落开始演进时，各个时期的城市事件被铭记于城市肌理之中而得以长久留存，并在随后的演进过程中不断进行修正而显得更为明确，从而也获得了一种集体性的意识与记忆。另一方面，城市规划发展的样态反过来决定城市人文价值的传承和延续。城市的空间形态以及印刻在这一形态上的历史记忆共同赋予一个城市环境以特定的文化价值，并且构成了一座城市特有的标识性，使之从一种普遍而混沌的状况中得以识别出来，对于相应的人群和行为产生一种特有的文化吸引力。著名城市规划学家伊利尔·沙里宁说："让我看看你的城市我就能说出这个城市居民在文化上追求的是什么。"城市规划师应从深厚的历史文化底蕴中提炼出城市发展的主题，通过对整个城市的规划设计，反映并支撑整个城市的精神特质。

中国现代城市规划的最初传入是伴随着"西学东渐"的过程以及适应本土政治体制的重构而展开的，北京旧城区的规划改造就是一个典型的例子。

案例5.6

北京的旧城规划

对北京未来的规划，甚至在新中国成立前就已经着手准备，并于1949年5月至1953年11月，用了4年多时间，编制了新中国成立后第一个首都城市总体规划方案。其后，又经过多次修改调整。1953年11月的《建筑与扩建北京市规划草案的要点》明确提出了将行政中心集中在内环（新街口、菜市口、蒜市口、北新桥）以内，从而使北京城市的发展走上了在旧城区基础上不断改造和扩建的道路。于是，在随后的城市建设中，北京旧城开始被成片地大规模拆除与改造，旧城传统的交通格局也逐步被改变，旧城内的建设高度一再增加。1958年9月，中共北京市委向中共中央报送了《关于北京城市建设总体规划初步方案》，方案确立了北京的城市发展目标和城市总体布局的雏形。其主要规划思想在以后的历次总体规划中都得以继承，如控制城市规模、消除城乡差别等城市发展目标，“分散集团式”的城市布局形式，为将北京建设成为大工业城市而对工业进行的特别布局，以及环路加放射路的城市道路体系等。北京旧城的城墙开始大规模地拆除，最终导致了北京旧城整体空间格局发生重大的变化，旧城的空间围合感基本消失，城市大街成为没有阻隔、无限延伸的通道，失去了传统街道空间的特色。这种选择导致北京的工业特别是重化工业发展规模过大，耗能耗水过多，运输量大且污染严重，干扰了首都政治、文化中心功能的正常发挥。加上在 20 世纪 80 年代以前，由于忽略了城市的其他构成要素，提出“先生产，后生活”，实际上是只顾生产、不要生活，导致城市基础设施严重滞后、人民生活水平提高缓慢、城市缺乏活力等普遍性问题。

2005 年 1 月，北京市政府公布了新的一轮《北京城市总体规划（2004—2020 年）》，其中第七章第 61 条的题目即为“旧城整体保护”。规划指出：“应进一步加强旧城的整体保护，制定旧城保护规划，加强旧城城市设计，重点保护旧城的传统空间格局与风貌。”2005 年 3 月 25 日，北京市人大常委会第 19 次会议通过《北京历史文化名城保护条例》，进一步强调“旧城保护应当坚持整体保护的原则”。“旧城整体保护”是历史城区保护战略研究的重大成果。单霁翔认为，这一迟到的成果来之不易，它凝聚了几代城市规划和文物保护工作者的希冀和奋斗，也包含了几十年来我国历史城区保护的经验和教训。

“十二五”期间，北京重点推动“一轴一线一带多片”有关保护工作。“一轴”指 7.8 公里的传统中轴线；“一线”指加强朝阜路沿线历史文化资源的挖掘与整治；“一带”指促进长安街至前三门大街之间带状区域的融合发展和历史文化资源的创新利用。

2011 年 12 月 4 日，北京市规划委发布《北京市“十二五”时期历史文化名城保护建设规划》（以下简称《规划》），强调旧城有价值建筑不得随意拆改或过度装饰，房屋所有人及使用人应尊重包括色彩、体量、材料、格局等有价值建筑的原有形制。市规划委相关负责人表示：“旧城依然是历史文化名城保护的重点和核心，‘十二五’期间也将坚持旧城整体保护。”历史文化名城保护范围将外延，拓展至整个北京市域。《规划》还提出，旧城有价值建筑不得过度装饰，要加强对旧城有价值建筑的房屋管理。提高房屋产权人及使用人的保护意识，对随意拆改或过度装饰的行为加强管理，尊重包括色彩、体量、材料、格局等有价值建筑的原有形式，尽可能保护其留存下来的历史信息。北京市规划委表示，将尝试组织有关部门与保护区房屋所有人、使用人签订风貌保护协议，明确相关权利人对房屋的安全使用和风貌保护的法律责任。坚决杜绝违法建设、违法出租和改变房屋使用性质的行为。

例如，在对北京什刹海旧城保护项目中，强调“传统格局不能改，城市功能得改善”。什刹海地区旧城保护示范项目总规划师、北京建筑设计研究院副总建筑师吴晨说，项目组从 2011 年开始前期调研，在政府持续多年的整治工作基础上，通过对什刹海地区所有胡同、院落进行实地考察和入户调查统计，又取得了大量鲜活的资料，提出了规划设计构想。吴晨指出，传统北中轴线（地安门大街）两侧现代建筑过多，严重影响了城市景观和历史风貌，机动车通行与停车挤占非机动车道、人行道，目前地铁八号线什刹海站施工，加剧了该街道交通的拥堵、混乱。2013 年底计划开通地铁八号线的南延线，届时交通、旅游、商业和居民等人流将在此叠加。鉴于传统北中轴线的地理位置和特殊情况，当务之急，必须尽快开展整体规划研究，对其进行具有可实施性的保护、整治和提升城市功能。

北京传统中轴线和什刹海地区是旧城的主要经脉，向人们展示了这座历史文化名城历经千年留下的文化遗产。什刹海旧城保护示范项目的目的是让该地区可持续发展，其内容包括完善基础设施、建设公共服务设施、治理环境、疏解人口等，项目资金有北京市和西城区政府的投入以及国家银行提供的贷款，概算里面包括资源置换项目的支出，比如一些建筑与传统中轴线、什刹海地区的风貌不相协调，为了保护历史文化保护区，需要对其整治和改善环境。什刹海地区的四合院现在基本上都已经变成了大杂院，这是因为二十世纪七八十年代人口骤增，居民私搭乱建，目前居住条件非常差。人口疏解和院落保护的意图是让居民结合自己的实际情况选择自愿腾退，迁走的居民由此改善了居住条件，经过修缮腾退的院落、房屋，拆除私搭乱建的建筑，延伸市政管网，可以改善留下来的居民的居住条件，同时达到恢复历史风貌的目的。

关于专家和文物保护人士提出的保护历史文化保护区的历史真实性和原貌的问题，吴晨表示，城市的发展是一个有机更新的过程，我们一向反对在北京旧城大规模拆建。历史文化保护区的保护原则是胡同等城市肌理不能丢失，传统城市格局不能改变，古建文物不能损毁，城市功能得到改善，居民生活获得提升。在什刹海地区保护示范项目的规划中，通过调整机动车道和增设公交港湾等措施缓解交通，地安门大街机动车道将由“两上一下”改为“一上一下”，以保证人流空间，经过北京市城市规划设计研究院等单位研究论证，目前道路交通疏堵方案已基本完成，街道风貌整治方案也将同步开展，对地安门大街两侧高大建筑进行整治，挖掘本地区原有风貌特征和景观元素，引导与控制建筑风格。吴晨介绍，经过科学的规划设计，什刹海地区将形成“一线、两街、多节点”的结构，“一线”即传统北中轴线；“两街”即烟袋斜街和白米斜街；“多节点”包括地铁口下沉广场、地铁织补工程等，创造多元整合地上地下一体化城市提升模式，以此改善城市景观和交通功能。

思考题

1. 新中国成立以来，北京的旧城改造理念发生了哪些改变？
2. 城市规划的变迁是否会对北京人的生活造成影响？
3. 城市规划师应怎样看待城市中蕴含的人文精神？

案例分析

改革开放以来，我国城市建设的快速发展使得城市建筑文化个性丧失的现象几乎是不可阻挡地展现在我们面前，现代建筑带来的千篇一律和缺乏人情味的问题让人深思。赵园在《北京：城与人》一书中，对由北京大量四合院、大杂院拆迁所造成的居民生活方式和城市文化形态的变化做了一番描述：“不论意味着什么和预示着什么，北京建筑文化的变异都不可逆转，大批四合院、杂院的拆迁，和大片规格化楼群的拔地而起，是最刺眼的事实。居住方式、居住环境的改变，终将改变北京人民的生活方式，尤其是人际关系、人际交往方式——这是胡同文化中最足以自傲的部分。”当然，割裂城市历史文脉的现象不只是发生在北京，当前，我国很多的城市规划设计走向了趋同化的歧路，城市规划师追求现代化的城市设计，高楼鳞次栉比，商厦处处开花，景观和建筑失去了原有的独特个性，这种“见物不见人”的城市规划理念会在很大程度上导致城市人文精神的衰落。工业化社会的生产生活方式和文化价值取向及其巨大的诱惑力、影响力打破了地域文化个性赖以生存的地域空间界限和文化界限，信息技术的发展进一步助长了这种趋势。

近年来，“全球化”“地球村”概念的出现即是对这种现象最好的注释。地域文化在“现代化”的冲击中失去根基，甚至被湮没或边缘化。我们的建筑使用的是同样的材料（钢筋、水泥、玻璃，而不是具有地方性的土、木、砖瓦），建筑师接受的是相同或相似的教育（这不同于传统工匠，他们土生土长），对美国式的现代建筑感到同样的新奇、崇拜（在多数情况下，投资商和政府决策者意见起主导作用，建筑师不具有张扬个性的权利），在这种背景下，建筑文化个性的丧失也就属正常了。

芒福德（Lewis Mumford）和雅各布斯（Jane Jacobs）在 1961 年分别完成的名著《城市发展史——起源、演变和前景》和《美国大城市的生与死》中强调，城市规划应当以人为中心，注意人的基本需要、社会需求和精神需求，城市建设和改造应当符合“人的尺度”。他们反对那种追求“巨大”和“宏伟”的城市改造计划，主张必须改变城市建设中资金的使用方式，从追求“翻天覆地剧烈变化”到追求“连续的、逐渐的、复杂的和精致的变化”。在我国，城市规划更应注重城市传统文脉与现代城市的有机融合，城市文脉的割裂是城市规划的大忌，它影响的是城市几千年的历史变迁中慢慢积淀而来的人文精神。这种人文精神如果破坏，不可能在一个很短的时间内就能回归原貌，这种浸透着城市之魂的人文精神是作为城市规划师不能忽视的重要方面。如果每个城市都能真正地深入研究自己的历史文化，总结其历史经验，创造性地利用自己的文化优势与地域优势，城市发展必将大有可为。

城市中的居民是城市规划的主体，是城市规划建设的出发点和归宿。城市规划师应深入科学地研究普通市民对居住、就业、交通、环境以及情感的需要，从伦理层面塑造充满人文精神和人文关怀的城市空间。每个城市中的住宅区是与人们生活关系最密切的地方，城市规划师应尤其注重住宅区的人文关怀价值，在城市规划中体现人文意识，这有助于让城市住宅区更加舒适、宜居，使居民易居、安居、乐居。尤其是在我国人口平均寿命延长和老龄人口比例增加这个大背景下，人口老龄化的趋势已经开始改变着城市的形态，对于城市规划师来说，如何在城市规划上体现出对各个年龄群体需求的关注？城市的改造要在多大程度上考虑老年人的利益？怎样通过城市规划的角度为老年人提供有价值的服务？

案例5.7

南宾夕法尼亚城市中心密集型老龄化社区[①]

南宾夕法尼亚位于曼哈顿切尔西地区，是处于城市核心区的居住社区，周边拥有完善的配套服务，能够充分满足城市生活的需要。南宾夕法尼亚合作公寓是通过组织最关键的老龄化群体，来统筹谋划如何将社区发展与城市经济、医疗保健服务、政策法规协调统一，最大化地实现全龄化社区的特点。1985 年，已有 75%以上的人口大于 60 岁，于是，合作公寓委员会开始寻找可能为这些老年居民提供帮助与支持的企业。

南宾夕法尼亚的二十四街和二十八街形成了两条弧形的曲线穿过社区，与周边切尔西地区笔直的街道截然不同。南宾夕法尼亚社区在城市环境中将高层住宅建筑排列形成街区内部的开放空间，而非临近街道的开放空间。此类大尺度住宅项目的目的是在城市更大尺度空间结构中营造其专有的领域，通过规划和建筑的设计手法将住宅建筑区别于道路公共空间。最成功的“大街区”既能有效利用周边街区的服务、活力和能量，又能维持一个独特的、宁静的内部环境，以形成更紧密的社区联系。尽管南宾夕

① 斯科特·鲍尔．老龄化宜居社区设计［M］．武汉：华中科技大学出版社，2016.

法尼亚社区具有“大街区”的特点，但它并不是一个纯粹的超大体块。规划师成功地将二十四街和二十八街形成一定的弧度，只将二十七街从城市交通路网中脱离出来。周边环境的人流、车流和能量，依然源源不断地流入社区。它的尺度远小于类似普鲁伊特-艾戈的超大社区，小的尺度营造出亲切宜人的空间感受，并与纽约市完整城市路网相互协调，形成适于永久居住的良好环境。

在造住宅和配套商业方面，南宾夕法尼亚周边的切尔西地区是典型的曼哈顿高密度混合区。南宾夕法尼亚社区中有一些区域不是住宅，而是作为配套功能，譬如超市、学校、教堂或医疗机构。这些配套商业和服务既为周边地区带来活力，又能随时满足当地居民的日常需要。不同于切尔西地区的是，南宾夕法尼亚的街区是通过建筑来划分的，商业建筑靠近街道，只有一层楼高，住宅建筑则向后退，通过前部的绿地和栅栏与步行道相分隔。在卫生保健方面，作为一个密集的城市中心区，在切尔西地区可以方便地获得各类医疗卫生服务，步行或乘坐公共交通工具即可到达。位于第八大道的纽约体育俱乐部，正对南宾夕法尼亚社区，有游泳池、健身房、团课房、网球场等各类体育设施场所。不仅如此，城市核心区高密度的人口聚集带来了更多的商业机会，由于人群集中，服务产业会自发来到这里为居民提供相关服务。这也是城市核心区老龄化社区拥有的一个显著优势：有足够的人口数量和密度来支持大量家庭医疗及社区医疗护理系统的运营。同时，这也吸引了许多其他医疗机构来主动合作，提高和改善了当地的医疗卫生服务。探访护士服务、医院和南宾夕法尼亚社区老年人服务项目相互合作，使当地老年人可以免费观看宣传片，听取卫生讲座，并接受流感疫苗接种。本地居民可以很方便地去往周边地区医疗卫生服务机构，甚至可以利用人群数量的优势集体向供应商申请上门服务。

欧洲社会住房倡导十字形建筑，有助于避免建筑形成封闭的边界，阳光和空气可以很好地流通。在这样的建筑形式中，街道和步行道不再被视为最重要的公共空间，取而代之的是街区内部的绿化空间成为人们社交和娱乐的主要公共场所。这些公园般的绿色空间比街道上的公共空间更健康，更能产生积极的互动。南宾夕法尼亚社区（见图 5-4）的规划正是基于这样的内部绿化公共空间而生成的。社区中有 65%的产业是公共开放空间，包括花园、步道、儿童游乐空间和成人休息区。

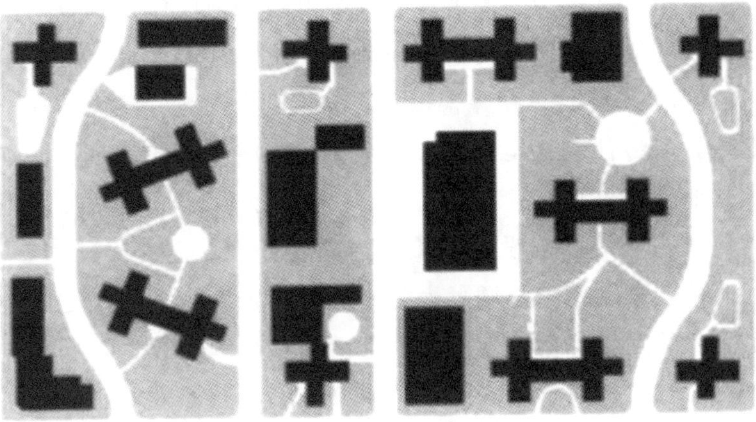

图 5-4　南宾夕法尼亚的十字形建筑

（图片来源：斯科特·鲍尔主编《老龄化宜居社区设计》）

南宾夕法尼亚还积极鼓励并组织各种老年人和青年人之间的交往互动。社区内老年人步行和休憩的空间紧邻孩子们的操场或室外娱乐场所。在社区中，老年人可直接看到孩子们活动的室内和室外空间。杰夫达利老少公园是社区中老年人与青年共同活动的主要场所。花园被分成不同的地块分配给不同的团队来种植，为了使更多的居民参与进来，每一小块已划分的地块再次被细分，而对于一些老年人，他们可能并不需要这块地有太多的产出，也不想因为要跟上整体进度而压力过大，于是地块又被再一次划分。居民看到其他人种植的花圃，也会一起努力维护。这个花园广受欢迎并且成为居民们互动的主要场所，进一步加强了代际间的互动。

思考题

1. 南宾夕法尼亚社区具有怎样的规划思路？

2. 规划中所体现出的人文关怀对我国人口老龄化的城市形态有何启示？

案例分析

南宾夕法尼亚社区为我们展现了一个由独特地区特点孕育出的独特城市形态，社区的周边环境、交通便利程度、建筑密度、医疗保健服务都围绕着居民的生活一步步展开并得以发展，通过组织最关键的老龄化群体，来统筹谋划如何将社区发展与城市经济、医疗保健服务、政策法规协调统一，最大化地实现全龄化社区的特点。20 世纪 70 年代，新加坡也出台了面向老龄化居住区的规划设计政策和措施——“养老安居计划”。在南宾夕法尼亚的社区规划中，强调了人际交往的亲密度、人与人之间的和谐相处、邻里之间的互帮互助、丰富的娱乐活动和社区文化，每一个居民的价值观念、生活方式、消费方式等方面具有一定的共通性，容易使人产生对居住区的归属感，而对居住区的认同感、自豪感和责任感不断增加，有助于尽可能减小生活对于周边环境的影响。由此可见，城市规划师不能仅以个人意志为基准来设计规划整座城市，还应充分考虑城市中不同人群的需要。中央京津冀协同发展与专家咨询委员会专家李晓江说：“在新的国土规划空间体系中，我们要重视格局，从生活空间、休闲空间的角度研究人的需求；研究各个层次相互的关系，以及不同区域、功能空间的价值。”城市规划师应以市民的利益为主要着力点，使城市建设和发展的成果惠及全体人民，城市的规划设计不仅要满足居民的基本生存需求，还要认真考虑不同社区的群体类型，让城市规划的工具理性追求与人文关怀之间尽可能达到一个平衡的状态。这对当下我国人口老龄化的城市规划提供了一个重要启示。

第五节　环境意识

在科技高度发展的今天，自然生态遭到破坏，人居环境日益恶化，在城市规划领域，人们正在以“舒适”的借口，用破坏自然环境的方式来改造和扩大自身的居住范围，尤其是工业化进程的加快和城镇化发展的高度集中，城市人口急剧增加，工业化的人造环境取代了自然环境。当然，大自然也正在用自己的方式对人类发出警示。环境危机的产生与城市发展和城市规划之间有着密切的关系，随着工业化和城市化步伐的不断加深，城市规模迅速扩张，城市发展、经济发展、与生态环境之间的矛盾越来越尖锐。不科学的城市规划指导思想和结构布局导致的工业建筑选址不合理，工业建筑与城市居住区、文物建筑和水源地相混杂，使城市环境污染加剧。1994 年，美国建筑学院研究所协会及建筑师学会在一个研讨会中提出："建筑曾经是一个形态问题，而现在则关系到了人类的生活。在过去的 11 万年中，我们一直用建筑来保护我们免受环境的侵害，但直到现在才发现，我们的建筑正在危害人类的健康和幸福生活，而且超过了这个地球的承载力。越来越多的人相信，一个合乎道德的文化转变是必要的，而且自然界的美和力量能够为我们打开通向未来的大门。"① 因此，在城市规划方面，城市规划师需要具备良好的环境意识，加深对环境、生态、城市、建筑之间联系的认识。首先，不可否认的是，城市可以被看作一个兼具自然特征和人工特征的复合生态系统，城市居住环境的优劣决定着区域生态环境的优劣，生态环境则是实现良好居住环境的保证，那么，自然特征和人工特征的平衡协调发展就成了城市规划师需要关注的重要课题；其次，我们惯用的城市规划方案多以经济活动、人们对生活质量的要求为主，在新的时代，需要提高对生态环境的重视，从整体的城市规划为着手点，加强对区域生态环境的治理和保护；最后，力图使我们的居住环境与自然生态融为一体，城市规划师应积极关注住宅区的生态化、绿色化和可持续发展，利用一切合理手段保证人类聚居环境的可持续发展。

城市规划师应从城市建筑物本身、工业城市规划、人类代内和代际生存状态三个层面，用环境伦理的理念和原则指导城市规划，促进传统的城市规划价值观和政策目标朝着更加符合环境伦理价值取向的方向转变，提升规划价值观体系的合理性。

在建筑物本身的层面，应注重减少建筑物所带来的污染和能耗，加强生态城市建设。建筑物本身的存在可能会产生光污染、空气污染、噪声污染、水污染等。合理的规划和设计会在一定程度上减弱建筑本身对城市环

① 南·艾琳．后现代城市主义．张冠增，译．上海：同济大学出版社，2007.

境的污染，例如，城市居住区内的热岛效应，当增加绿化面积，特别是大量地种植树木提高绿量时，可以改善小气候，抑制和消除热岛效应。有关测量和理论分析表明，每增加10%的绿化覆盖，气温降低的最高值为2.6%，夜间可达2.8%。当绿化覆盖率达到50%时，气温降低13%。再如，在城市住宅设计中，与环境质量相关的用地和规划、公共服务与室外环境营造等是必须着重研究和保证的，当有其他因素共同作用时，环境因素必须优先考虑。

在建筑物能耗方面，据统计，2001年，我国住宅能耗为1.68亿吨标准煤（其中城镇住宅能耗0.68亿吨），而到了2014年，我国的住宅能耗已经达到了3.37亿吨（其中城镇住宅能耗1.66亿吨）。建筑物耗能的增加使环境质量受到了巨大影响。另外，在集中供暖方面，我国飞速增长的城镇建筑形成的对供暖规模增长的要求不断提高，这与控制城市大气环境而严格限制的供暖新热源建设产生了冲突，因此，城市规划师需要在减少末端过热，降低末端供热量需求和提高热源效率，开发低品位余热等方面着手来解决这个冲突。《中国建筑节能年度发展研究报告2018》中提到目前我国公共建筑的几个特点：很多人员长时间停留的场所（如中小学校）通风换气不足，室内空气品质不佳；人员停留时间短、不需要过大的通风换气量的场所（典型是交通枢纽）却过量通风，室内二氧化碳浓度远远低于很多教室空间，过量通风换气成为这类建筑中能耗偏高者高能耗的主要原因；病房之间由于空调系统形式不当导致的空气交叉渗透又是医院病房相互感染的主要原因。因此，建筑师需要科学调控公共建筑的有效通风量，既满足通风要求以保证室内空气质量，又要防止各种过量通风导致的运行能耗上涨，同时又要从通风方式上合理组织空气流动。

对于城市规划师来说，建筑节能工作要从措施导向转为效果导向，建筑实际的用能数据应该是检验建筑节能工作的唯一标准。能源效益的改进有巨大的经济效益和环境意义，需要进行量化的研究。城市规划师需要在城市建筑规划设计中按相关功能要素的权重值大小的排序来确定设计中质量的重要程度、优先程度和取值范围。《住宅性能评定技术标准》（GB/T 50362—2005）规定了关于能耗方面确定的指标和权值，对住宅空间环境影响因素的量化作出了更加明确的说明。近十年来，国家投入大量财政支持，建成了公共建筑能耗监测平台，使我国的建筑节能工作已经从没有数据发展成有大量的实时能耗数据和静态节能审计数据。另外，大数据技术正在全面推进数据获取和数据挖掘的技术发展。

案例5.8

要首钢还是要首都？——首钢搬迁史[①]

二十世纪七八十年代，首钢生产规模急剧扩大，对大气的污染也越来越严重。“北京市的上空有个黑盖，黑盖的中心是石景山，首钢位于石景山。”早些年，专家学者这样描述首钢—石景山—北京三者的污染因果链。一份来自北京市环保监测中心的统计数据显示，2004 年，首钢所在的石景山区全年二级以上（含二级）的天数仅占全年的一半。根据中国环境科学研究院的一份报告，2003 年，北京市区的可吸入颗粒物排放量达到 71783.9 吨。最为严重的时期，在石景山区 86 平方公里范围内，粉尘排放量平均是每年每平方公里 34 吨。据环保部门分析，首钢搬迁能让北京每年减少 18000 吨可吸入颗粒物。可见仅首钢排放的可吸入颗粒物就占整个北京市区的 23%。重工业特别是冶金业、化工业的两大部门不仅占地大，耗能耗水多而且对环境的污染也严重。北京市每年所消耗的煤中，仅首钢、燕山石化公司、焦化厂、电厂四大家就占一半以上。首钢搬迁前的厂貌见图 5-5。

当时，在石景山的白庙村环保观测点，能看见附近居民房玻璃上贴着厚厚的塑料布，为的是防止灰尘刮进屋里去，夏天最热的时候老百姓家的窗户都没法打开透气，出门时必须戴着口罩。“那时候，附近的居民不敢在户外乘凉，不敢在户外吃饭，不敢在户外晾衣服，只要一晚上，白衣服变成黑衣服了。”家住石景山区的首钢退休工人吕增智说。

另外，在水资源方面，北京是严重缺水的特大型城市，人均水资源不足 300 立方米，是全国人均量的 1/8，世界人均量的 1/30。水资源短缺已成为制约北京市经济社会发展和生态环境改善的重要“瓶颈”。首钢每年

---

① 王立新．首钢大搬迁［M］．石家庄：河北教育出版社，2009.

图 5-5 首钢搬迁前的厂貌

（图片来源：https：//www.sohu.com/a/272438559_128075）

耗水量高达5000多万立方米，这已成为北京水资源的不可承受之重。在北京市的城市用水中，工业用水占81%，而冶金、化工和电力等工业部门又占全市工业用水的一半以上。

“十五”期间，根据国务院批复的《北京市环境污染防治目标和对策》，北京市将重点治理首钢等三大工业污染源。

2002年，北京市经委主任金生官向全国政协专题调研组汇报说，首钢将以建设科技首钢、绿色首钢、人文首钢为目标，采用分阶段、分步实施的办法压缩钢铁产量。当年，首钢将停产第一炼钢厂、炼铁厂5号高炉、焦化厂2号焦炉和烧结厂5台烧结机，压缩200万吨钢产量，从2003年开始按600万吨钢组织生产。到2007年底，首钢再压缩约150万吨钢产量，相应的生产能力转移到北京以外地区，石景山厂区保留450万吨左右，并建成使用清洁燃料的轧材精品生产基地。

“十五”期间，首钢计划投资12.5亿元，采用先进环保技术和设备，对所保留的钢铁生产各个环节进行全面治理，实现钢铁生产全过程的清洁化。到2003年完成ISO14000环境管理体系认证工作，达到国际公认的环境管理标准。同时，大力降低能源消耗和水耗，调整能源结构，使吨钢综合能耗和吨钢耗新水量达到国际先进水平。此外，首钢还将采用高新技术和适用技术改造钢铁业，大力发展高新技术产业，实现工艺升级、产品换代和产业转型。

金生官说，除首钢外，北京市还将对高井发电厂和北京化工集团进行环保治理。2002年，北京西部电网重要支撑电源之一的高井发电厂已完成了烟尘、灰渣、废水等一系列环保改造；在北京城区周边拥有28家化工企业的北京化工集团，已有8家企业退出了化工行业，3家企业被划转或兼并，15家正实施搬迁或制定了搬迁计划，北京市东南郊化工区的污染问题已基本解决。

2011年1月13日，首钢董事长朱继民宣布，首钢北京石景山钢铁主流程实现安全、稳定、经济停产，这座有90年历史的钢城光荣退役。至此，首钢排放的空气污染物从最高时的近9000万吨剧减至零，从根本上消除了对大气的污染。

首钢搬迁首先还给首都蓝天和绿地。这个有着90多年历史的老企业从2005年开始进行搬迁、治理。第一座高炉停产，每年减少排放二氧化硫48吨，有组织粉尘排放100吨，无组织粉尘排放84吨；第二座焦炉停产，减少二氧化硫排放量0.24吨、烟尘排放量4.05吨、粉尘排放量189吨。石景山区冶炼、热轧生产全部停产，粉尘、烟尘、二氧化硫将基本实现零排放。

2010年12月21日，首钢高速线材厂的传动铁链停止了转动。至此，首钢石景山钢铁主流程实现安全、稳定、经济、准时停产，彻底停止了对环境的污染。

首钢环保处的唐丹平说："事实上，在搬迁和结构调整期间，首钢一直在加大北京厂区的环境治理投入，以确保环境质量得到稳定改善。"

2011年，首钢厂区绿化面积已达192万平方米，可绿化率实现了100%。首钢生态环境的治理带动了周边地区的经济发展，石景山房价两年内翻了两番。

"首钢十里钢城面积有8.56平方公里，相当于2个CBD，紧偎着永定河，背靠石景山，随着永定河生态环境带的建设，首钢将利用依山傍水的优势，发展成工业休闲旅游和文化娱乐产业。"首钢新产业办公室主任李小平说，不久的将来，这里将成为北京西部宜商宜居的公园式社区。

朱继民说，首钢搬迁到河北唐山曹妃甸地区，并不是简单地把污染迁出北京，而是要建设一个科技含量高、经济效益好、资源消耗低、环境污染少的新一代钢铁厂（见图 5-6）。

图 5-6　如今的首钢

（图片来源：《首钢日报》，2018 年 8 月 8 日）

2014 年 2 月，习近平总书记在视察北京时指出，“首钢搬迁到曹妃甸就是具体行动。要继续坚定不移地做下去”。2015 年首钢集团下发第一个《首钢集团绿色行动计划实施方案》，标志着首钢集团绿色行动计划的正式启动。通过三年的连续实施，截至 2017 年底，集团绿色行动计划的治理项目已完成 95 项，项目总投资约 18 亿元。绿色行动计划的实施，使集团内各单位固定污染源排放达标率达 100%，同时减排效果明显，为区域环境质量的改善做出了积极贡献。2018 年，随着国家污染物排放标准的收紧和环保要求的进一步提高，绿色行动计划的治理项目多达 102 项，投资将达 35.57 亿元。实施项目之多，投入资金之大，创历年新高。首钢的搬迁调整使北京的天空恢复了原本的蔚蓝，首钢在环境保护方面做出的努力得到了社会和公众的普遍认可。

思考题

1. 首钢的搬迁带给我们的启示是什么？

2. 在进行城市规划时，应怎样看待工业化发展与保持生态环境之间的关系？

案例分析

人类社会工业化进程的加快所带来的困扰和难题体现在社会的各个方面，对城市规划方面的影响更不例外，以经济发展为核心的工业化设施配置是带动传统城市发展的重要动力，可以说，传统城市是根据工业化发展需要建立的，工业在很大程度上影响着整个城市的结构与功能，对整个城市的生态环境的影响起着主导作用。因此，在现代社会，我们的城市规划需要摆脱从前的工业化束缚，实现与城市空间结构的整体布局相结合、与城市发展相结合的转向。目前，传统意义上的工业园区项目经常因为违背社会和环境可持续性的准则而受到批评。因此，我国在进行工业园区建设时，城市规划师需要进行前瞻性的思考，在规划的早期阶段就应该支持高水准的环境、社会和生活质量准则，并以此为基准做出合理的规划设计，对化工、建材及轻工等对环境具有危害性的工业区域进行合理划分，工业园区还应具有较高的绿化程度，能为周边自然生态环境的保护提供有效保障。大型连片园区则需要在绿地或农地分隔下，最大限度地满足生态景观建设需求，还应根据具体情况分散大城市过分集中的工业。这对于工业企业来说，也是提升自身竞争力的重要保障。

在工业城市规划方面，随着人类改造物质世界的能力不断增强，人们的生活质量和环境质量降低情况日益严重，城市规划师应正确处理工业化产业发展与城市规划发展之间的关系，注重住宅区与工业区之间的合理距离、工业区的规模及其对生态环境的影响等方面，摒弃“先生产、后生活”的传统观念。应该明确，工业是为人类服务的，不能成为毁灭人类生存的导火索。在进行城市的工业化改造时，工业生产应适应城市可持续发展的需要，保护有限的自然资源，有效保障人的居住环境和生存质量。

案例5.9

世界生态城市库里蒂巴[①]

人口的增长、交通的阻塞、环境的污染是当今世界各大城市面临的共同困扰。作为巴西第五大城市的库里蒂巴也不例外，拥挤不堪的街道、垃圾遍布的环境、不断的洪涝灾害曾使库里蒂巴呈现一派衰败的景象。库里蒂巴（见图5-7）通过合理的城市规划设计，不仅从严重的社会问题和环境问题中解脱出来，还将该市建设成为一座非常自然化、人性化的世界生态之都，被联合国命名为“最适宜人居的城市”之一。

图5-7 库里蒂巴——世界生态之都

（图片来源：http：//www.beitao8.com/article/354205.html）

位于巴西南部的库里蒂巴被认为是世界上最接近生态城市的城市。该市以可持续发展的城市规划典范而享誉全球，也受到世界银行和世界卫生组织的称赞；还由于垃圾循环回收项目（联合国的环境项目）、能源保护项目（国际能源保护协会的项目）而分别获奖；并因其公交导向式的交通

① 沈孝辉．世界顶级生态城市库里蒂巴［J］．决策与信息，2007（10）：73-75．

系统的革新成就而获奖。加州大学伯克利分校的规划教授 Alan Jacobs 认为，库里蒂巴有着世界上最好的规划和开发计划，这得益于库里蒂巴连任三届的市长杰米・勒纳（Jaime Lerner）在过去 20 年中把城市设计、规划和管理合为一体，库里蒂巴通过追求高度系统化的、渐进的和深思熟虑的城市规划设计，实现了土地利用与公共交通一体化，取得了巨大的成就。

库里蒂巴市的头一项成功之举就是根治了 20 世纪 50—60 年代不断出现、并一再袭扰着市中心的水患。沿着河流两岸修建的房屋和其他建筑加深了水患的影响。市政工程师填埋河沟使城市排水更加困难——不得不耗巨资开挖新的排水管渠。同时，开发商在城市外围修建居住区和工业区时没有对排水问题给予必要关注。

1966 年初，市政府规划了排水管线，并划定某些低洼地区禁止开发以专供排洪用。1975 年通过了“保护现有自然排水系统的强制性法令”。为了有效利用上述区域，库里蒂巴市政府在河岸两旁建成了有蓄洪作用的公园，并修建了人工湖。公园里大面积种植树木，废弃的工厂和河两岸其他建筑物则改造成体育和休闲设施。公交线路和单车道把这些公园与城市交通系统连接起来。这种“结合自然设计”策略的实行，同时解决了许多问题。它使巨大的防洪开支成为过去，又避免了在洪水控制方面大量的新增投入。更加重要的是，把防洪用地建成为公园之后，使得库里蒂巴市人均绿地面积从 1970 年的 0.5 平方米增加到今天的 50 平方米（同一时期内人口也快速增长）。

公交导向式的城市开发规划也是库里蒂巴生态城市规划中的重要举措之一。1964 年，由圣保罗建筑师 Jorge Wilhelm 制定的《库里蒂巴总体规划》经公众讨论，于 1965 年开始实施。城市规划的三项主要任务：沿着 5 条交通轴线进行高密度线状开发改造内城；以人为本，而非小汽车为本，确立了优先发展的内容；增加公园面积和改进公共交通。显然，正是由于早期的远见才使得库里蒂巴走上了以低成本（经济成本和环境成本）的交通方式和人与自然尽可能和谐的生态城市发展道路，偏离了巴西大多数城市依赖于小汽车的城市发展定式。

20 世纪 70 年代城市的发展呈现出新的形态，拥有了逐步拓展的一体化交通网络、道路网络，并采取了致力于改善和保护城市生活质量的各种土地利用措施。城市外缘是大片的线状公园绿地。总体规划规定城市沿着几条结构轴线向外进行走廊式开发。从 1974 年开始，城市设计部门强调的沿着城市主轴放射状开发的思路得以实施，轴线也是公共汽车系统的主要线路，这些轴线在城市中心交会。城市轴线构成了一体化道路系统的第一个层次，拥有公交优先权的道路把交通汇聚到轴线道路上，而通过城市的支路系统满足各种地方交通和两侧商业活动的需要，并与工业区连接。库里蒂巴较为成功的土地利用与交通相结合的典型政策之一是，不仅鼓励混合土地利用开发的方式，而且总体规划以城市公交线路所在的道路为中心，对所有的土地利用和开发密度进行了分区。5 条轴向道路中的 4 条所在地块的容积率为 6，而其他公交线路服务区的容积率为 4，离公交线路越远的地方容积率越低，城市仅仅鼓励公交线路附近两个街区的高密度开发，并严格抑制距公交线路两个街区外的土地开发。一体化道路系统提供的高可达性促进了沿交通走廊的集中开发，土地利用规划方法也强化了这种开发，轴线开发使宽阔的交通走廊有足够的空间用作快速公交专用路。在许多建成区，也使用类似方法，使现有公交线路的沿线开发沿着主要线路向城市外缘发展，并把高密度混合土地利用规划与已有的交通走廊规划合为一体。这些政策有效地保证了城市建成区和新开发区的公交服务水平。2001 年，城市有 2/3 的市民每天都使用公共汽车，并且做到公共汽车服务无须财政补贴，研究人员估计每年减少的小汽车出行达 2700 万次。

思考题

1. 库里蒂巴的生态城市建设对于当地人们未来发展的重要性是什么？
2. 库里蒂巴的生态城市建设对于我们有哪些启示？

案例分析

城市规划还应遵循代内公平和代际公平两个基本原则，城市规划师与建筑师的最大区别就体现在这里。对于建筑师来说，他只负责建筑物本身对居住者的影响，而城市规划师是从宏观上为整个城市作出大纲性质的决策，这种决策一旦出错，不仅会在一定时期内影响人们的生活质量，还会在未来相当长的时期内，对一个城市千百万人的生活及其后代产生巨大的连锁反应。库里蒂巴的生态城市建设为我们提供了一个城市规划的生态理念。“建设生态城市是人类保护自身赖以生存的环境，节约自然资源和能源的客观需要；是人、自然、环境和谐发展的最好形式；是城市物质文明与精神文明高度发达的标志；也是城市经济、文化和现代科学技术向更高阶段发展的必然结果。”① 城市规划师只有遵循了代内公平和代际公平两个基本原则，才会建立起基本的环境保护意识，才能在城市规划设计中造福社会，造福子孙万代。

目前，我国的城市化过程一般伴随着工厂、小区、道路、广场的建设，城市化发展在为人们提供便利的同时，也导致了大量问题的发生。以城市内涝为例，城市化的发展导致耕地面积减少、大量地面硬化、降水下渗减少、地表径流增多。遇到某些灾害天气带来的强降雨，若外排不畅、内渗不足，容易造成城市内涝。由此可见，城市规划若违反了代内公平的原则，就会直接威胁到人们当下的生存状态。扩大绿化面积、维持城市生态平衡是关乎人类未来生存状态的重要举措。在城市人口日益增加、环境问题日益加剧的今天，城市规划师应该明确，一个城市若想获得长久的发展和持续的生命力，就必须要重视人与自然和谐发展，强调生态城市建设。若借城市规划之手破坏了人类赖以生存的环境，规划师就失去了最基本的道德品质，从而给人类的未来发展埋下了隐患。

① 黄光宇．田园城市、绿心城市、生态城市［J］．重庆建筑工程学院学报，1992，14（3）：63-71．

附录

案例目录

案例拓展 3.1　“耻辱戒指”与“耻辱断桥”
案例 3.4　当工程师面对伪造数据
案例 3.5　布拉德的困境
案例 3.6　诚实守信　利己利人
案例拓展 3.2　无证工程师
案例 3.7　花旗银行大厦的补救工程
案例 3.8　北京住建委建立普通地下室重点监控名录
案例拓展 3.3　某公司监控回访制度

案例 4.1　湖南凤凰县堤溪沱江大桥垮塌特大事故
案例 4.2　山河建筑集团安徽工程有限公司行贿案
案例拓展 4.1　北京建筑企业行贿将被逐出市场
案例 4.3　地基
案例 4.4　武汉景明楼事件
案例 4.5　建筑设计的权力之殇
案例拓展 4.2　唯领导喜好是瞻
案例 4.6　四川大剧院：网络公示前大局已定
案例 4.7　权力干预下的招投标乱象
案例拓展 4.3　以所谓“全球经验”打造
案例 4.8　一位初级工程师的道德困惑
案例 4.9　清华附中工地坍塌牵出受贿案
案例 4.10　规划局长“规划”牢狱人生
案例 4.11　李江福：把工地打造成“诚信学校”
案例拓展 4.4　全国诚实守信模范：丁新民事迹
案例拓展 4.5　建筑行业女标兵
案例 4.12　田广良：让每一所房子都物有所值

案例 5.1　“短命建筑”与城市规划
案例 5.2　“飞鸡场”为谁而建？
案例 5.3　旧金山滨水区公共空间设计

案例 5.4 “广场热”问题

案例 5.5 德派普地区的城市规划

案例 5.6 北京的旧城规划

案例 5.7 南宾夕法尼亚城市中心密集型老龄化社区

案例 5.8 要首钢还是要首都？——首钢搬迁史

案例 5.9 世界生态城市库里蒂巴

参考文献

REFERENCE

[1] 沈福煦．宗教·伦理· 建筑艺术［J］．建筑师，1985（22）：27-28.

[2] 曹南燕．对中国高校工程伦理教育的思考［J］．高等工程教育研究，2004（5）：37-39.

[3] 汤因比，池田大作．展望二十一世纪——汤因比与池田大作对话录［M］．荀春生，朱继征，陈国梁，译．北京：国际文化出版公司，1985.

[4] 路易斯·L. 布西亚瑞利．工程哲学［M］．安维复，等译．沈阳：辽宁人民出版社，2008.

[5] 杨豪中，赵辉．论建筑专业的伦理教育［J］．建筑学报，2009（3）：86.

[6] 梁思成．大拙至美：梁思成最美的文字建筑［M］．林洙，编．北京：中国青年出版社，2007.

[7] 张茜．建筑短命的背后是利益驱动［N］．中国青年报，2016-01-07（5）．

[8] 梁思成．梁思成文集（四）［M］．北京：中国建筑工业出版社，1986.

[9] 雅克·P. 蒂洛，基思·W. 克拉斯曼．伦理学与生活［M］.9 版．程立显，刘建，等译．北京：世界图书出版公司，2008.

[10] 王泽应．伦理学［M］．北京：北京师范大学出版社，2013.

[11] 安云凤．新编现代伦理学［M］．北京：首都师范大学出版社，2001.

［12］卡斯腾・哈里斯．建筑的伦理功能［M］．申嘉，陈朝晖，译．北京：华夏出版社，2001.
［13］刘先觉．现代建筑理论［M］．北京：中国建筑工业出版社，2008.
［14］吴良镛．广义建筑学［M］．北京：清华大学出版社，2011.
［15］潘谷西．中国建筑史（第六版）［M］．北京：中国建筑工业出版社，2009.
［16］秦红岭．建筑的伦理意蕴——建筑伦理学引论［M］．北京：中国建筑工业出版社，2006.
［17］陈喆．建筑伦理学概论［M］．北京：中国电力出版社，2007.
［18］赖德霖．中国近代建筑史研究［M］．北京：清华大学出版社，2007.
［19］何泽映．对建筑施工企业加强职业道德教育的思考［J］．辽宁经济，2003（3）：60.
［20］维特鲁威．建筑十书［M］．陈平，译．北京：北京大学出版社，2012.
［21］王阳明．传习录［M］．北京：中国画报出版社，2013.
［22］王泽应．伦理学［M］．北京：北京师范大学出版社，2012.
［23］Harris C E，Pritchard M S，Rabins M J. Engineering Ethics：Concepts and Cases［M］. 4th ed. Wadsworth：Cengage Learning，2009.
［24］Augustus Welby Northmore Pugin. The True Principles of Pointed or Christian Architecture［M］. Gracewing Publishing，2003.
［25］吴良镛. 基本理念・地域文化・时代模式——对中国建筑发展道路的探索［J］. 建筑学报，2002（2）：6-8.
［26］杨洁，潘俊峰．传统文化符号在香山饭店建筑设计中的应用分析［J］. 家具与室内装饰，2018（6）：70-71.
［27］陆元鼎，魏彦钧．广东民居［M］．北京：中国建筑工业出版社，1990.
［28］陈喆．建筑伦理学概论［M］．北京：中国电力出版社，2007.
［29］李诗琪．居住环境对人心理健康的影响研究——基于临床数据的实证分析［D］．武汉：华中科技大学，2019.

［30］张兆磊．城市规划设计与建筑设计的特性和联系探析［J］．佳木斯职业学院学报，2020（2）：295.

［31］王国光．基于环境整体观的现代建筑创作思想研究［D］．广州：华南理工大学，2013.

［32］莱昂·克里尔．社会建筑［M］．胡凯，胡明，译．北京：中国建筑工业出版社，2011.

［33］张铃．西方工程哲学思想的历史考察与分析［M］．沈阳：东北大学出版社，2008.

［34］余谋昌．高科技挑战道德［M］．天津：天津科学技术出版社，2000.

［35］维西林，冈恩．工程、伦理与环境［M］．吴晓东，翁端，译．北京：清华大学出版社，2003.

［36］何建明．中华高歌：走近第二届全国道德模范［M］．北京：作家出版社，2010.

［37］查尔斯·E. 哈里斯，迈克尔·S. 普里查德，迈克尔·J. 雷宾斯，等. 工程伦理：概念与案例［M］.5 版．丛杭青，沈琪，魏丽娜，等译．杭州：浙江大学出版社，2018.

［38］苏顺清．加强建筑市场的法治力度初探［J］．南方经济，2000（11）：23-24.

［39］张嵩．工程伦理学［M］．大连：大连理工大学出版社，2015.

［40］黄愉华．对建筑业职业道德伦理建设的思考与研究——以建筑工程施工组织设计的编制方法及应用为例［J］．企业科技与发展，2013（6）：22-25.

［41］李武英，彭谏．一波三折双珠落盘——评上海国际会议中心［J］．时代建筑，2000（1）：29-33.

［42］赵秀敏，葛坚．城市公共空间规划与设计中的公众参与问题［J］．城市规划，2004（1）：69-72.

［43］戴维·J. 夏普．企业道德案例［M］．李成军，李玉峰，译．上海：上海人民出版社，2008.

[44] 邵益生，石楠，等．中国城市发展问题观察［M］．北京：中国建筑工业出版社，2006.

[45] 迈克·詹克斯，伊丽莎白·伯顿，凯蒂·威廉姆斯．紧缩城市——一种可持续发展的城市形态［M］．周玉鹏，龙洋，楚先锋，译．北京：中国建筑工业出版社，2004.

[46] 赵鹏军．美国旧金山滨水区公共空间设计的成功与失败［J］．建筑学报，2005（2）：29-31.

[47] 缪小龙．冷看城市广场热［J］．规划师，2001（1）：101-102.

[48] 埃里克·法利，凯瑟琳·格伦．城市总体规划经典案例［M］．张新，译．北京：电子工业出版社，2016.

[49] 张兵，林永新，刘宛，等．“城市开发边界”政策与国家的空间治理［J］．城市规划学刊，2014（3）：24.

[50] 张杰，霍晓卫．北京古城城市设计中的人文尺度［J］．世界建筑，2002（2）：66-71.